우국이 초래하는
'망국'의 위험

일본
넷우익의
모습

야스다 고이치(安田浩一),
야마모토 이치로(山本一郎),
나카가와 준이치로(中川淳一郎)

최석완·임명수 옮김

어문학사

제1장 넷우익의 현실

제2장 약자의 도구

제3장 미디어의 반일 음모론
- 과민반응이다, 미디어에는 그런 활력이 없다

제4장 넷우익의 정체
- 도대체 너희들은 일본을 어떻게 하고 싶다는 건가!

▶ 일러두기

* 원서에는 각주가 없지만 본서에서는 독자의 이해를 돕기 위해 설명이 필요한
  부분에 역자가 주를 새로 달았다.

넷우익의 현실

야스다 고이치安田浩一

6

넷우익의 상징적 존재,
재특회(在特會)

"지금 생각하면 웃기는 일입니다만……."

28세 청년은 이렇게 서두를 꺼내고는 말을 이어갔다.

"애국자로서 사회에 공헌하고 싶었습니다. 정말로 그런 생각에 빠져 있었습니다."

필시 그랬을 거라고 실감케 하는 심각하고 정색하는 표정이 인상적이었다.

청년은 최근까지 모리와키 다케이치로(森脇武一郎)라는 이름을 쓰고 있었다. 그의 가명(인터넷 필명)이다.

메이지(明治, 1868~1912) 초기, 히로시마 현(広島県)에서

대규모 농민 봉기가 일어났다. 당시 알려진 주모자는 모리
와키 다케이치로라는 농민이었다. 모리와키는 메이지 신정
부에 붙잡혀 처형당했다. 히로시마에 사는 청년은 감히 향
토 영웅의 이름을 내세우며 '애국자로서의 사회 공헌'을 꿈
꾸고 있었던 것이다.

　나는 그 청년을 두 번 만난 적이 있다. 첫 대면은 2011년
8월 6일의 일이었다. 그렇게 기분 좋은 만남은 아니었다. 히
로시마에서는 원폭 피폭지 근처에 있는 평화 기념 공원에서
원폭 66주년 기념행사를 거행하고 있었다. 행사가 끝난 직
후 갑자기 일장기를 손에 든 100여 명의 무리가 모습을 나
타냈다. '재일(在日)[1]의 특권을 용인하지 않는 시민 모임(재특
회)'의 멤버였다. 그 대열에 모리와키 다케이치로의 모습도
보였다. 그는 재특회의 히로시마 지부 간부로서 동분서주하
고 있었다. 원폭 돔 바로 옆에 진을 친 재특회는 "일본은 하
루빨리 핵무장을 해야 한다"라고 크게 쓴 현수막을 걸고 일
장기와 욱일승천기를 여기저기에 꽂고 있었다.

　무더운 날씨에 수많은 일장기가 아지랑이처럼 가물거린
다. 평상시처럼 복장도 연령대도 다채롭고 정렬되지 않은
집단이었다. 유카타(浴衣) 차림의 젊은 여성도 눈에 띄었다.

---

1 재특회가 말하는 '재일'이란 주로 재일 교포, 즉 재일 한국인과 북한인을 말
　한다.

준비를 마친 집단은 엄숙했던 기념행사의 여운이 아직
남아 있는 공원에서 기세를 올린다.

"핵무장을 추진하자!"

"원자력 발전을 반대하는 놈들은 좌익이다! 조선인
이다!"

"좌익과 조선인을 추방하자!"

함성이 울려 퍼졌다.

재특회는 재일 코리안을 비롯한 외국인들이 '일본에서
부당한 권리와 혜택을 누리고 있다'고 주장하는 인터넷 사
이트에서 출자한 시민 단체다. 2채널(2ちゃんねる)을 비롯한
인터넷 게시판 등에서 회원을 모아 이미 그 수가 1만 2천 명
을 넘어섰다. 넷우익의 세계에서는 상징적인 존재이기도
하다.

이 단체는 조선학교 수업료의 무상화와 외국 국적 주민
에 대한 생활보호 지원에 반대하는 데모나 가두시위를 각
지에서 선도하고 있다. 때로는 과격한 행동도 마다하지 않
는다. 교토 조선 제일 초급학교(京都朝鮮第一初級学校)가 체
육 수업을 근린공원에서 하는 것에 대해, 이를 '불법점거'라
고 비난하며 학교에 집단으로 몰려간 사건이 일어났을 때는
체포자까지 발생해 세간의 주목을 끌기도 했다. 학교에 진
입한 사람들이 "조선인은 김치 냄새가 난다", "똥이나 먹어

라"라고 하면서 학교 관계자에게 욕설을 퍼붓는 장면이 동영상 사이트에 퍼져, 재일 코리안 사회에 공포감을 안겨 주었다.

'8·6 히로시마 가두시위'도 이제는 재특회의 연중행사가 되었다. 재특회는 이날 행사에 앞서 가두시위에 관한 공지를 다음과 같이 웹 사이트에 올렸다.

> 평등과 인권이라는 이름으로 오랜 세월 일본인의 인권을 위협한 반일 좌익에 대해, 인내의 한계에 다다른 우리 일본인은 정말로 분노를 금치 못하고 있습니다. 히로시마 시 평화 공원에 설치되어 있는 '편안히 잠드십시오. 잘못은 되풀이하지 않겠습니다'라고 새겨져 있는 기념비는 평화를 상징하는 존재라고들 합니다. 그러나 실상은 자학사관(自虐史觀)의 기념물(속죄 의식이라는 미명하에 존재하는 억지 평화 주장)에 지나지 않습니다. 이것이야말로 좌익들의 정치 선전일 뿐입니다. 히로시마에서는 국가를 말하는 것도 독립을 말하는 것도, 그리고 그것을 생각하는 것이나 표현하는 행위조차도 죄악시되어 왔습니다. 사이비 평화주의를 확고하게 거부합시다! 이제 우리 일본인들이 진정한 자유를 획득할 때가 왔습니다.

재특회에 있어서 '8·6 히로시마'는 평화를 기원하는 날도 희생자를 추모하는 날도 아니다. 좌익 선전과 자학사관에 '저항하는 날'인 것이다. 히로시마는 적지다. 그렇기 때문에 그들은 분노하고 있다. 예민해져 있다. 흥분하고 있다.

그 화살은 취재 중인 나에게도 겨눠졌다.

"이봐, 야스다(安田)! 너 뭐하러 왔어, 이 새끼!"

나를 향해 위협적인 욕설을 퍼부었다.

흔한 일이다. 재특회의 이런 태도에는 이미 익숙해져 있다. 나는 웃으면서 지나쳐 버릴 수밖에 없다. 나의 유순한 태도에 그들은 더욱 자극을 받아 분노를 폭발시킨다. "실실거리지 마, 인마!" "너 같은 놈 부른 적 없어." "취재하고 싶으면 돈을 내." "조선인은 꺼져!"

여기저기에서 욕지거리가 터져 나온다. 의견이 다른 사람, 마음에 들지 않는 사람을 무조건 '조선인'이라고 몰아붙이는 것이 넷우익의 특징이기도 하다. 얼굴을 붉히고 입에 담지 못할 욕설을 나에게 퍼부은 사람 중에 티셔츠 차림의 '모리와키 다케이치로'도 있었다. 훗날 그는 "그때는 나도 모르게 흥분해 있었습니다"라고 멋쩍게 웃으면서 나에게 털어놓았다.

어쨌든 짜증 나는 가두시위였다. 원자력 발전 옹호나 핵무기 추진과 같은 슬로건을 내세워도 별 상관은 없다. 주장하는 것 자체는 자유이기 때문이다. 그렇지만 참가자들에게서 느껴지는 것은 노골적인 증오심과 배타주의뿐이다.

그 지방의 평화주의 단체 회원들이 항의하면 "거지 같은 새끼!", "조선 놈!"이라고 저마다 소리치면서 집단으로 그들을 포위하고는 위협하며 툭툭 건드린다. 휠체어를 타고 있는 장애인 단체한테도 마찬가지로 봐주지 않는다. 위협적인 말투로 "이봐!"라고 하고는 "돼지 같은 좌익 새끼들!"이라고 하면서 분노를 폭발시킨다.

동일본 대지진으로 원전 사고가 일어난 지 반년도 채 되지 않았을 때다. 평상시와는 달리 원자력 발전에 반대하는 메시지를 전하는 단체도 공원 내에서 눈에 띄었다.

이날을 위해 도쿄에서 내려온 재특회 회장 사쿠라이 마코토(桜井誠, 당시 40세)는 그 단체를 향해 울부짖듯이 호소했다.

"원자력 발전 반대 운동 때문에 많은 사람이 열사병으로 쓰러지고 있다. 전력 부족으로 지금 일본은 큰 곤란에 처해 있다. 멍청한 좌익들은 일본인의 목숨을 빼앗지 마라!"

"그래 맞아!"라고 맞장구치는 소리가 여기저기에서 들린다.

"원자력 발전을 반대하는 놈들은 얼마나 많은 사람이 열사병으로 죽어야 속이 시원하겠는가! 사회적 약자가 죽어나가고 있다!"

절전으로 희생자가
늘었는가

후쿠시마(福島) 제1원전 사고 이후, 각지의 원전은 일제히 가동을 중지했다. 사쿠라이를 비롯한 재특회 회원들은 이것이 원전 반대 운동 때문이라고 단정하고, 절전 때문에 희생당한 사람들에 대한 책임을 지라고 외치고 있다. 그럴 듯한 주장이기는 하지만 유언비어에 불과하다.

후생노동성(厚生労働省)이 발표한「인구 동태 통계 월보(人口動態統計月報)」를 보면, 원전 사고가 일어나기 전해인 2010년 여름에 열사병으로 사망한 사람은 1,684명이고, 원전 사고가 일어난 2011년에는 901명이었다. 원전이 가동을 중지하고 철저하게 절전 체제에 들어갔음에도 불구하고, 그 해 열사병으로 사망한 사람의 수는 오히려 감소한 것이다. 또 총무성 소방청(総務省消防庁)의 기록을 보더라도, 2012년에 열사병으로 긴급 호송된 인원은 전국적으로 39,489명인데, 이것은 원전이 가동되던 2010년의 70% 정도에 해당하는 수치다. 수치만으로 판단하면 절전과 희생자 수의 사이에는 아무런 연관성도 없다는 것을 알 수 있다.

사실관계는 확인도 하지 않고, 자신들의 주장만을 밀어붙인다. 맹신만으로 '적'을 향한 증오심을 부채질한다. 말도 안 되는 논리가 이런 종류의 운동에서는 통하는 것이다. 그

때문에 이날 데모에서도 귀를 의심하게 하는 함성이 터져 나왔다.

"피폭자 구호 제도에는 시민의 혈세가 들어가고 있다!" "그렇다!"

"혈세를 빨아먹는 피폭 이권자들을 몰아내자!" "몰아내자!"

"속죄 의식을 강요하는 기념비를 깨부수자!" "부숴 버려!"

"원폭 돔을 해체해야 한다!" "해체하자!"

마지막에 가서는 피폭자에 대한 규탄까지 시작했다. 정말로 어리석고 한심한 일이다. 피폭자 구호 제도를 마치 세금 낭비인 양 비난하는 '애국자'가 있다는 말은 들어 본 적이 없다. 피폭자가 국가로부터 보상을 받는 것이 왜 '이권'이란 말인가? 도대체 '원폭 돔을 해체'해서 무엇을 어쩌겠다는 것인가?

나는 어이가 없어서 벌어진 입이 다물어지지 않았다.

'애국 청년'과의 재회

이 추악하고 용렬한 가두시위로부터 1년 후, 나는 모리와키 다케이치로와 단둘이 만나게 되었다.

"결국, 무엇을 얻기 위한 운동이었나요?"

나의 질문에 그는 이렇게 대답했다.

"자기만족 때문이었을지도 모릅니다."

대열 속에서 그렇게 격렬하게 나를 욕하던 그가 아주 온순한 표정으로 내 눈앞에 있다. 기분이 묘했다.

이때 이미 그는 재특회를 탈퇴한 상태였다. '재일 코리안이 일본을 지배하고 있다, 대지진을 틈타 조선인과 중국인이 일본으로 쳐들어온다'는 등의 황당무계한 이야기를 믿어 의심치 않는 회원들의 모습에서 위화감을 느꼈기 때문이라고 했다.

그런 소문은 나도 취재 과정에서 여러 번 듣고 있었다. 해일로 황무지가 되어 버린 도호쿠(東北) 지방에서 조선인과 중국인이 '해방 구역'을 만든다는 소문을 들었을 때, 나는 깜짝 놀랐다.

"솔직히 말해서 원전을 추진하자는 슬로건에도 위화감을 느끼고 있었습니다. 재특회의 운동에는 아무런 비전도 보이지 않았습니다. 어쨌든 재일이나 좌익과 싸우면 된다는 단순한 사상에 사로잡혀 있었습니다."

그는 그렇게 말하면서 과거의 동지들을 비판했다.

모리와키는 고교 시절부터 정치에 관심을 가졌다고 한다. 특히 빈곤과 격차 문제에 흥미를 보였다. 고등학교를 졸

업한 후 대학의 통신 교육 과정을 이수하면서 '사회를 변혁 시키기 위한 단체'를 찾았다. 한때는 혁마르파(革マル派)²에 도 들락거렸다. 누군가의 권유로 혁마르파의 최고 지도자인 구로다 간이치(黒田寛一, 1927~2006)의 저서도 읽어 보았다. 그렇지만 혁마르파를 비롯한 좌익 당파는 운동 단체로서의 매력이 부족했다. '당'의 존속에만 역점을 둘 뿐, '대중'에 호소하는 힘이 부족한 느낌이었다.

'투쟁의 주체'로서 사회 문제에 깊숙이 관여하고 싶다는 생각에 사로잡혀 있을 때, 인터넷에서 알게 된 단체가 재특회였다. 2007년, 그의 나이 22세 때였다.

"재특회의 주장에는 묘한 설득력이 있었습니다. 갑자기 시야가 확 트인 느낌이 들었습니다."

그는 그렇게 진술했다. 그의 '정의감'을 뒤흔든 것은 생활보호 제도에 대한 재특회의 다음과 같은 주장이었다.

'생활보호를 못 받아 굶어 죽어 가는 일본인이 끊이지 않는다. 그런데도 재일은 우선적으로 생활보호를 받고 있다. 굶어 죽어 가는 일본인은 거들떠보지도 않은 채, 태평하게 생활하고 있다. 이러한 재일의 특권이야말로 일본의 복지를 왜곡시키는 것이다.'

2 정식 명칭은 '일본 혁명적 공산주의자 동맹 혁명적 마르크스주의파'다.

외국인들 때문에 복지가 '무임승차'처럼 되어 버린 것이 아닌가, 그는 강한 위기감에 사로잡혔다. 당시 그에게는 재특회만이 '민중의 편에 서 있는 저항 조직'이었다. 재특회의 논리는 신선함으로 그의 마음을 흔들었고, 고교 때까지 받아 왔던 역사교육도 의도적으로 일본을 깎아내리려는 자학 사관임을 깨달았다.

그는 고향의 영웅 '모리와키 다케이치로'라는 이름을 등에 업고 재특회 대열에 뛰어들었다. 가두시위에서 '재일 특권 폐지'를 외치고 애국의 눈을 뜨라고 호소했다. 적극성을 보이는 회원이 적은 히로시마에서 그는 순식간에 간부직으로 승진했다. 가두시위에서 "뻔뻔한 재일은 떠나라!"라고 소리쳤다. 이것이 정의의 투쟁이라고 믿고 있었다.

그는 재특회의 매력을 다음과 같이 설명했다.

"사회에서 아무런 영향력도 행사하지 못하는 나 같은 미미한 존재도 활동에 참가하면서, 나는 지금 이 순간 사회에 관여하고 있다, 사회의 정의를 위해 싸우고 있다는 희열을 느낄 수 있었던 겁니다. 물론 좌익 운동에 참가하는 사람들도 그런 측면을 가지고 있다고 생각합니다. 그렇지만 양쪽을 비교해 보면 재특회의 문턱이 훨씬 낮습니다. 난해한 문헌을 읽고 소화할 수 있는 능력은 전혀 필요하지 않습니다. 심지어는 사상조차도 필요가 없습니다. 지금 자신이 학대받

고 있는 존재라는 자각만 있으면 그냥 뛰어들 수 있는 조직
입니다. 그리고 누구나 애국자로 사회에 공헌할 수 있는 겁
니다."

사회에 관여하는 회로로
이용되는 '애국심'

나는 지금까지 수많은 재특회 회원과 넷우익을 자칭하
는 사람들을 만나 보았다. 그들 대부분은 이 청년처럼 사회
에 관여하고 싶어 하는 열정이 넘쳤다. 그 회로(回路)로서
준비된 것이 애국심이었다.

어떤 사람은 재특회 활동만이 '진정한 계급 투쟁'이라고
주장하고, 또 어떤 사람은 '부패한 권력과의 투쟁'이라고 목
소리를 높였다. 그 구호만 보면 매우 강경해 보이지만, 결국
그 밑바닥에 흐르는 것은 사회와의 유대를 갈구하는 욕구가
아닐까? 그것은 때로는 카타르시스나 정의감을 불러일으키
기도 한다.

그러나 자기 본위의 정의는 시야를 좁게 하고 눈을 흐리
게 해서, 결국에는 실상을 볼 수 없도록 만든다. 과거 그가
공감했던 생활보호에 대한 재특회의 주장 등이 그 전형일
것이다.

"일본인은 생활보호를 받을 수 없어 굶어 죽어 가는데도, 재일은 우선적으로 생활보호를 받고 있다."

"재일이라고만 하면 무조건 생활보호 지원을 받는다."

재특회를 비롯한 넷우익들이 항상 주장하는 말이다.

후생노동성 건물 앞에서 진행된 재특회의 '외국인 생활보호 일시 정지를 요구하는 긴급 행동'을 필자도 목격한 적이 있다.

당시 재특회의 사쿠라이 회장은 다음과 같이 호소했다.

"일본인이 목을 매 죽어 가는 이때, 외국인에게 사회보장 혜택을 줘서는 안 된다! 일본에서 살아갈 수 없는 외국인은 자기 나라로 돌아가면 그뿐이다. 조선인은 조선반도로 돌아가면 되고, 중국인은 중국으로 돌아가면 된다. 일본에서는 2만 명이나 되는 일본인들이 목을 매 죽었다! 우리가 분노하는 것은 당연한 일이다. 도대체 우리가 무엇을 잘못했다는 말인가! 민족 차별을 하고 있다는 것인가! 웃기는 소리, 정작 차별받고 있는 쪽은 우리 일본인이다! 지금 관공서 창구에서 일본인은 생활보호 신청서조차 받지도 못하고 쫓겨나고 있다. 일본 국민의 생명과 재산을 지킬 수 없다면 후생노동성 공무원들은 사표를 써라!"

"일본을 혐오하는 조선인 따위에게 생활보호 혜택을 주지 마라!"

'자살'이나 '아사(餓死)'를 용납할 수 없다는 당당한 주장도, 마지막 함성을 들으면 속내가 드러나 보인다. 결국에는 어떠한 말도 '조선인에 대한 규탄'으로 수렴되는 것이다.

외국인 생활보호는
제한되어 있다

생활보호 수급 세대의 증가는 정말로 심각한 사회 문제다. 현재 생활보호 수급자는 210만여 명에 이르고 있다. 수급자가 200만 명을 넘은 것은 패전 후 혼란기였던 1951~52년 이래 처음이다. 2008년 가을의 리먼 쇼크(서브프라임 주택론 위기) 이후 수급자는 계속 급증하고 있다.

생활보호 재원은 100% 공적 부담이다. 정부가 4분의 3을 부담하고, 그 나머지는 지방 자치체가 부담한다. 부담 증폭에 시달리는 자치체에서는 보호비 재검토의 필요성을 주장하고 있다.

이 때문에 일부 자치체에서는 접수창구에서 보호 신청 접수 자체를 거부함으로써, 생활보호의 수급이 이루어지지 않도록 창구에서 저지하는 '현장 작전'도 전개되었다. 후생노동성 앞에서 벌어졌던 가두시위에서 사쿠라이 회장이 "일본인은 생활보호 신청서조차 받지도 못하고 쫓겨나고 있다"라고 주장한 것은 바로 이것을 두고 한 말이다. 그 중에서도 과거에 보호율 전국 1위를 기록했던 기타큐슈 시 (北九州市)에서는 이러한 '현장 작전'에 적극적이어서, 신청 을 거부당하거나 보호가 끊긴 사람들의 고독사와 자살이 연 속적으로 발생했다. 행정 편의주의 때문에 보호가 중단된 사람들의 심정을 감안한다면 그들이 분노하는 것도 당연하 다. 그렇기 때문에 빈곤 문제 해결에 적극적인 시민 단체 등 은 행정 당국을 추궁하고 '현장 작전'을 비판하는 데 그치지 않고, 극빈자 임시 지원촌[3] 등을 설치·운영하면서 빈곤층과 함께 싸워 왔던 것이다.

그러나 재특회가 빈곤층과 함께 이러한 문제 해결에 노 력해 온 사실이 있는지에 대해서는 내가 견문이 적은 탓인 지는 몰라도 전혀 들어 본 바가 없다. 그들은 단지 외국인에 대한 생활보호 지원에만 불만을 품고 '일본에서 살 수 없으 면 본국으로 돌아가라'고 계속해서 요구할 뿐이다.

그렇다면 과연 정말로, 재일 코리안이나 외국인은 생활 보호 혜택을 우선적으로 받고 있는 것일까?

---

3 일본어로 도시코시하켄무라(年越し派遣村)라고 부른다. 노숙자 지원이나 비 정규 고용 문제를 고민하는 NPO 단체와 노조가 2008년 연말에 함께 실현한 급식소 등의 시설을 말한다. 도쿄 히비야 공원에 설치된 가설 텐트에는 6일 동안 등록된 자원봉사자가 약 1,700명에 달했고, 지원금은 4,400만 엔을 넘 었다.

후생노동성이나 복지 사무소는 "우선적 지원 등이 있을
리 없다"고 일축한다. 도쿄 도(東京都) 내에서 생활보호를
담당하는 사회복지사도 다음과 같이 대답했다.

"생활보호 지원에서 중요시하는 것은 어디까지나 신청
기준의 충족 여부입니다. 재일이라고 해서 기준을 완화한
경우는 과거 사례에서도 들어 본 일이 없습니다."

원래 생활보호법은 지원 대상을 '국민'으로 명시하고 있
기 때문에 엄밀히 말하면 영주자, 정주자 등 외국 국적인 사
람은 대상이 아니라는 의견도 있다. 이 때문에 외국 국적의
주민에게 생활보호는 법률상의 권리로서 명확하게 보장되
어 있다기보다는 정부나 지자체에서 내리는 일종의 행정상
의 판단에 따라 지원되고 있는 것에 지나지 않는다. 또한 지
원을 인정받지 못할 경우, 일본인은 불복신청을 통해서 지
원이 허용되는 경우도 있지만, 외국인은 그렇지가 못하다.
후생노동성은 외국인이 불복신청을 하면 각하하도록 각 지
자체에 하달하고 있다. 외국인이 생활보호에서 '우선적' 혜
택을 받기는커녕 오히려 큰 제한을 받고 있는 셈이다.

한편 후생노동성의 조사에 따르면, 생활보호 수급 세대
중에서 세대주가 한국과 북한 국적인 세대는 약 2만 5천 세
대다. 인구조사 결과를 토대로 피보호 세대 비율을 대략 산
출해 보면, 한국과 북한 국적의 세대는 일본인 세대보다

4배 이상이나 높다. 재특회를 비롯한 넷우익은 이 수치를 하나의 근거로 '우선 수급'이라면서 비판하고 있는 것이다.

그러나 이 수치야말로 정말로 재일이 처해 온 상황을 대변하는 것은 아닐까? 빈곤 문제에 정통한 재일 코리안 변호사는 이렇게 말한다.

"원래 경제적, 사회적 기반이 취약한 데다가 특권은 고사하고 편견과 차별로 혹독한 삶을 감수해야 했던 재일이 적지 않습니다. 게다가 그들 중 생활보호 수급자의 대부분은 고령자입니다. 이 세대에게는 국민연금 제도가 도입되었을 때, 국적 조항 때문에 가입권이 주어지지 않았다는 데에도 문제가 있습니다. 그렇기 때문에 생활보호에 의존할 수밖에 없는 빈곤 상태에 놓여 있는 사람들이 많은 겁니다."

앞에서 말한 사회복지사도 자신이 맡은 지역에서 많은 재일 코리안을 담당한 경험을 토대로 역시 같은 지적을 한다.

"생활보호 수급자의 대부분은 고령자와 장애인 그리고 모자 가정입니다. 이것은 재일의 경우도 마찬가지입니다. 굳이 재일과 일본인의 차이를 말한다면 도와줄 친인척이나 지인의 존재 여부 정도일 겁니다. 재일의 경우 전체적인 숫자 자체가 적기 때문에 의존할 수 있는 친족과 지인도 한정적일 수밖에 없습니다. 특히 독거노인의 경우, 직업이 없거나 연금이 없는 등 조건이 나쁜 노인들이 많은 것이 사실입니다."

재일 코리안의 '우선 수급'을 뒷받침해 주는 근거 따위는 어디에서도 찾을 수 없다. 재일 코리안의 수급 비율이 높은 것은 특권이 아니라 빈곤 문제 때문인 것이다.

자신을 모리와키 다케이치로라고 소개한 그는 나에게 이렇게 털어놓았다.

"도대체 누구를 상대로 싸우고 있었던 것인지 잘 모르겠습니다. 운동에 참가하기 전에는 어느 누구에 대해서도 적대감 등을 가져 본 적이 없습니다. 증오심은 나중에 생긴 겁니다. 그것은 나 자신을 분기시키는 데 필요했던 것인지도 모르겠습니다."

꿈에서 깨어난 것처럼 자신을 냉정하게 되돌아볼 수 있는 기회를 갖게 된 그는 행복한 사람이다. 원래부터도 그런 능력이 있었다고 생각된다. 그러나 아직도 꿈과 망상의 세계에서 머물러 있는 사람들이 적지 않다.

"조선 놈들을 죽여라!" "추방하라!" 거리에서, 인터넷에서, 그들은 계속해서 규탄한다. 증오심과 배타심을 발산시키면서…….

'조선인'과 '재일'은
일종의 기호

2012년 4월에 『인터넷과 애국―재특회의 어둠을 쫓아서―』(講談社)를 출판한 이후부터 넷우익들에게 엄청나게 시달렸다. 어디까지나 인터넷상의 이야기이기는 하지만 말이다.

"너 같은 놈은 죽어 버려!" "일본을 떠나라!"라는 말들이 이제는 가벼운 인사로 느껴진다. 인터넷 게시판이나 트위터(Twitter)에 이런 식의 글이 없는 날이 없다. 나는 이렇게 욕하는 사람들과 허심탄회하게 이야기를 나누고 싶어서, 휴대전화 번호를 일부러 인터넷에 공개한 적도 있다.

당연히 그때마다 많은 전화가 걸려 왔지만, 대부분은 "조선 놈!" "진짜 국적을 대라!" "조선으로 꺼져!" 등과 같은 일방적인 욕설뿐이다. 의견이 다른 사람을 '조선인'이라고 몰아붙이는 넷우익의 행태에 그저 질릴 뿐이다.

규슈에 거주하는 재특회 부회장을 취재했을 때도 마찬가지였다. 그 역시 가두시위에서 재일 코리안에 대해 적대감을 격렬하게 선동하는 것으로 유명하다.

"조선인은 거짓말쟁이다!"

"위안부는 두 다리를 벌리고 돈을 받았을 뿐이다!"

그의 울부짖는 듯한 외침을 나는 여러 번 들었다. 도대체 왜 재일 코리안을 그렇게도 격렬하게 매도하는 것일까? 나는 직접 묻고 싶었다. 그런데 규슈까지 찾아간 나에게 부회장은 당황하며 마구 큰소리를 지를 뿐이었다.

"너, 뭐하러 왔어?"

― 취재하러 왔습니다.

"경찰을 부르겠어."

― 좋으실 대로.

"너, 조선 놈이지? 대답해! 조총련에 고용됐지? 돈을 받고 있겠지, 조선 놈이니까!"

― 망상은 정도껏 하시지요.

"뭐가 망상이야? 이것 봐, 역시 조선 놈이 틀림없어! 조총련한테서 돈을 받고 있다고 말해!"

언제나 이런 식이다. 그러나 나의 관심을 끈 것은 그 역시 끈질기게 나를 조선인이라고 의심하고 있다는 사실이었다.

'조선인'과 '재일'은 일종의 기호가 아닐까 하는 생각이 든다. 그들은 그 기호를 두려워하고 증오하고, 때로는 우월감을 느끼기도 한다.

그래도 나는 트위터 등을 통해 나에게 '조선인'이라고 시비를 걸어온 사람들에게는 가능한 한 정중하게 대하기로 마음먹고 있다. 어떠한 비판도 좋으니까 직접 만나서 이야기하자고 설득하고 있다. 대부분은 "너 같은 놈 만나서 뭐하게, 이 조선 놈아!"라는 식으로 내뱉고는 상대해 주려고 하지 않지만, 드물게는 나의 설득에 응해 주는 사람도 없지는 않다.

민주당 정권의 발족으로
위기를 느꼈다

도쿄의 한 선술집에서 만난 25세 청년도 그중 한 사람이었다. 처음 만나 인사를 제대로 나누기도 전에 "조선인이 싫습니다!"라고 그는 큰소리로 기염을 토했다. "조선인은 수치를 모릅니다. 범죄자만 있을 뿐입니다. 일본인을 헐뜯고 일본인을 싫어하면서도 일본에 줄곧 살고 있지 않습니까? 용서할 수 없습니다!"

북적이는 가게 안에서 나는 주위의 시선을 의식하면서 그의 말에 계속 귀를 기울였다. 빈 술잔이 늘어날수록 그의 어조는 더욱 열기를 더했다. 화살은 묵묵히 듣고 있는 나에게로 향했다. "바보 취급당하고 있다는 것을 알고 있습니까? 매스컴은 왜 조선인의 참모습을 국민에게 전하지 않는 겁니까? 저 범죄 민족 때문에 우리나라 역사는 날조되고,

또 우리는 토지도 재산도 모두 빼앗겨 버렸습니다. 일본인
이 납치당하기까지 했습니다. 이대로라면 일본은 일본이 아
니게 되어 버릴 겁니다. 그래도 좋습니까?"

지금까지 수없이 들어 왔던 말이다.

'참모습'이란 도대체 무슨 의미인가? 그렇게 묻자, 역
앞의 토지를 불법으로 점거한 파친코 오락장을 낸 사람들이
조선인이고, 일본인 여성을 마구 성폭행하는 사람들도 조선
인이며, 그 조선인들의 지배를 받고 있는 것이 일본의 매스
컴이라고 그는 열을 올리며 주장했다. 그에게는 한국과 북
한이 완전히 '적국'이고, 재일 코리안은 '침략자'일 뿐이다.
그의 주장은 생각할 수 있는 모든 부정적 가치로 가득 차 있
었다.

증오에 가득 찬 말들을 쏟아내면서도, 화제가 달라지면
그는 어디서나 볼 수 있는 본래의 아주 평범한 청년의 모습
으로 돌아가 있었다. 중학교 시절에 무단결석을 한 일, 학교
에 대해 좋지 않은 감정을 갖게 된 일, 이직을 반복하느라
부모로부터 심하게 꾸중 들은 일 등을 나에게 말해 줄 때만
큼은 한없이 온화한 표정이었다.

견딜 수 없는 불안과 불만과 분노를 어떻게 조절해야 좋
을지, 그 자신도 고민하는 듯이 보였다. 귀를 막고 싶을 정
도의 차별과 편견으로 얼룩진 언동을 빼놓는다면, 어떤 의

미에서는 오히려 한없이 순수한 젊은이의 모습이기도 했다.

그가 '일본인으로서의 위기감'을 갖게 된 것은 민주당 정권이 발족한 2009년부터였다고 한다. 그런 그를 우국(憂國)의 길로 빠져들게 한 것은 인터넷이었다. 그때까지는 딱히 정치에 대한 관심도 흥미도 없었다. 인터넷에서는 민주당 정권의 발족을 우려하는 글들이 넘쳐나고 있었다. 각종 게시판과 블로그, 우파 사이트에서 일본의 위기감을 조장하고 있었던 것이다.

"매국노가 정권을 잡았다. 외국인 참정권이 성립하는 것도 시간문제다. 재일이 일본에 반기를 든다. 매국노와 연대한 중국이 일본을 공격하면 일본은 일본이 아니게 될 것이다."

무서워졌다, 진실을 알았다고 그는 말한다. 진짜 적을 알았다고도 말한다. 그는 일본인을 짓밟는 외국인과 코너에 몰린 일본인의 모습을 떠올렸다. 또 그런 상황에 놓인 그 자신의 모습도 상상해 보았다. 그러자 그때까지 상상조차 하지 못했던 암흑의 세계가 펼쳐졌다.

이윽고 그의 고독한 '투쟁'이 시작되었다. 심야에 아르바이트를 마치고 집에 돌아오면 즐겨 사용하는 노트북과 마주앉았다. 인터넷 게시판이나 블로그, SNS를 차례로 열람했다. 그의 '즐겨찾기'는 시간이 갈수록 늘어갔다.

　한국, 북한, 중국이라는 '특정 아시아(넷우익이 즐겨 사용하는 용어 중의 하나)'와 재일뿐만 아니라 매스컴, 노동조합, 좌파 계열의 시민운동이라는 '새로운 적'도 발견했다. 그들은 모두 일본을 헐뜯는 매국노다. 유사시에 적국 세력에 호응하여 파괴 공작에 가담하는 이른바 적의 '제5열'[4]이다. 적어도 그는 그렇게 믿고 있었다.

　그들을 토벌(응징)하기 위해 인터넷에 글을 올리고 위기를 호소하며 일본에 필요하다고 생각되는 행동 계획을 확산시켰다. 그것이 그에게는 '전쟁'이었다.

　"그래서 기분이 확 풀렸나요?" 나는 그에게 물었다.

　"그럴 리가 있겠습니까?"

　그는 곧바로 대답했다.

　"인터넷에서는 활발하지만 현실 사회를 보면 아직 정권을 무너뜨릴 수 있는 수준은 아닙니다. 아직 우리 쪽이 약합니다."

　그렇게 호소할 때의 답답해하는 표정은 내가 지금껏 취재로 접해 왔던 많은 넷우익의 말이나 표정과 다를 바 없었다.

---

4 본래 아군이어야 할 집단 속에서 적을 이롭게 하는 사람들. 스파이.

공유하는
강렬한 피해 의식

고지식함과 증오, 초조. 그들은 위험한 열정에 사로잡혀 있다.

이 청년과 마찬가지로 인터넷을 '주된 전쟁터'로 여기는 젊은이가 있었다. 그는 싸우는 이유를 묻는 나에게 "일본을 되찾기 위해서"라고 대답했다. 그는 외국 및 외국인에게 일본을 빼앗겼다고 믿고 있었다. 그가 가진 분노의 밑바탕에는 이문화 유입에 대한 혐오와 외국 국적 주민이 일본인의 '생활과 고용'을 위협하고 또 사회보장 혜택을 거저 누리고 있다는 강렬한 피해 의식이 있었다.

지금 나 자신이 서 있는 곳이 당연히 있어야 할 본래의 일본이 아니라고 생각하게 되면, 이 세상의 모든 불합리한 부분을 '적'의 책임으로 돌릴 수 있다. 고용 불안도 경제 불황도 복지의 후퇴도 한류 드라마나 K-POP의 유행도 모든 것이 다 '적'의 음모인 것이다. '재일이 일본을 지배하고 있다'는 황당무계한 주장마저도 '빼앗긴 자'들에게는 그럴듯하게 들린다. 얼토당토않지만 그런대로 명쾌하지 않은가? 재일 등 외국 국적 주민을 약탈자에 비유하는 단순한 극단적 논리는 어느 정도 설득력이 있어 보이기도 한다.

인터넷은 그런 분노의 열기를 끌어올리는 데 최적의 도
구다. 상식론을 일축하는 '터부(taboo) 파괴'의 쾌감도 있을
것이다. 경제생활의 불안정화, 정체성(identity)의 불안정화
로 인해 무엇인가를 빼앗겼다고 느끼는 사람들은 소중하게
지켜져 온 사회의 다양한 가치관을 한낱 권위로밖에는 보지
않는다.

취재 중에 만난 한 재특회 간부는 "우리의 운동은 계급
투쟁이다"라고 잘라 말했다.

"좌익이나 노동조합만큼 혜택을 받는 단체도 없습니다.
그렇게 혜택을 받는 사람들에 의해 재일 등의 외국인들이
비호를 받는 겁니다. 차별받는 쪽은 우리입니다."

이것이야말로 넷우익들에게 공통된 '피해자 감정'이 아
닐까? 재일에게 "바퀴벌레" "죽어라!"라고 소리치는 것은,
그들의 논리를 빌린다면 강자에 대한 저항인 것이다.

넷우익의 대부분은 그 과격한 언동을 제외하면 어디서
나 만나볼 수 있는 평범한 젊은이로, 현실 세계에서 흔히 볼
수 있는 생활에 찌든 사람들뿐이다. 국가와 민족에 대한 정
체성을 확인하는 것 이외에는 자신을 주장할 줄 모르는 사
람들이다.

그것은 개인적으로 마주앉아 대화를 나누어 보면 잘 알
수 있다. 그러나 인터넷상에 떠도는 불확실한 정보만을 맹

신하면서, 증오와 원망만을 자아 유지의 방편으로 삼는 듯
한 모습은 역시 불행하다고밖에 말할 수 없다.

인터넷에서 시작된 데모는
'분위기에 휩쓸린 시민운동'

앞에서 소개한 25세 청년은 국익을 훼손한 대기업을 용
서할 수 없다면서 불만을 털어놓았다. 한류 드라마를 아무
생각 없이 방영해대는 후지TV와 그 대표적 스폰서 가오(花
王)[5]. 이러한 '반일 기업' 때문에 일본이 왜곡되고 있다고 그
는 맹렬하게 비난했다.

대화 도중 그가 '용서할 수 없다'고 열을 올린 기업은 로
토제약[6]이다. 로토제약은 '김태희 소동'에 휘말려 있었는데,
한국의 여성 톱스타인 김태희를 광고에 기용한 것을 놓고
인터넷 언론은 들끓고 있었다.

"반일 감정을 가지고 있는 김태희를 광고에 기용하다니
말이 되는가!" 로토제약은 반일, 한국의 앞잡이, 매국 기업
이라는 악성 댓글이 인터넷을 장식했다. 25세 청년도 "로토

---

5 가정용·업무용 세제, 일용품, 화장품, 식품 등을 제조·판매하는 대표적인
  일본 기업.
6 안약, 위장약으로 유명한 일본의 제약회사(ROHTO Pharmaceutical Co).

는 다케시마(독도)를 한국에 팔아넘기려고 한다"라고 하면
서 분통을 터뜨렸다. 그러나 곰곰이 생각해 보면, 김태희가
정말로 '반일 활동가'인지, 사실은 전제 그 자체가 의심스
럽다.

김태희가 한국에서 '독도 캠페인'에 나온 적은 있다. 관
계자 말에 따르면 이전 소속사의 스태프가 본인의 동의 없
이 캠페인에 참가시킨 적이 있다고 한다. 그러나 설령 그 장
소에서 '독도는 한국 영토'라는 발언을 했다 하더라도 그것
은 한국인으로서는 당연한 일일 것이다. 더구나 실제로 그
런 발언을 했는지는 확인도 되지 않은 상태다.

오히려 보수·우익들이 '반(反)로토' 분위기를 선동하고
있다. 김태희를 '반일 활동가'로 꾸며낸 악질적인 정보 조작
을 통해서 말이다.

나는 넷우익이 조직한 '반로토제약 데모'를 몇 번 취재
한 적이 있다. 데모에서는 다음과 같이 적힌 전단을 사람들
에게 배포하고 있었다.

〈김태희의 망언〉
- 일본인이 싫다. 일본에 가는 것도 싫다.
- 일본인은 원숭이.
- 일본에 가는 것은 돈 때문에…….

이 망언은 인터넷상에서 유포되고 있는 '김태희 인터뷰' 영상을 근거로 만들어진 것이다. 김태희가 신작 영화에 관해 인터뷰를 하고 있는 영상인데, 일본어 자막은 죄다 날조된 것이다. 예를 들면 영화의 키스신에 대해 말하고 있는데도 일본어 자막은 "일본인은 추한 원숭이잖아요?"라고 나온다. 촬영할 때 고생했던 이야기를 하는 장면에서도 "일본은 한국보다 열등한 개발도상국입니다"라는 자막이 덮어씌워져 있다. 그 외에도 "일본은 싫어, 구역질이 난다", "독도는 한국 영토라고 일본인에게 가르쳐야 합니다", "일본 문화는 모두 한국 문화의 카피"라는 자막이 흘러나오지만, 실제 말하는 내용과는 전혀 관계가 없는 것들이다.

한국어에 정통한 사람이라면 바로 날조임을 알아차릴 수 있는, 엉터리 자막을 붙인 동영상이 누군가에 의해 동영상 사이트에 올라와서 김태희를 공격하는 데 사용되고, 또 이 여배우를 기용한 로토제약을 용서하지 않겠다는 논리로 전용되고 있는 것이다.

지금도 전국 각지에서는 '반로토제약 데모'가 일어나고 있는데, 여기에서 부르짖는 '일본인을 원숭이 취급하는 김태희', '일본을 싫어하는 김태희'와 같은 슬로건은 그 출처가 의심스러운 정보를 제대로 알아보지도 않은 채 그대로 받아들인 것들이다.

아무런 확인도 없이 인터넷상에 떠도는 정보에 휘둘린 '반로토제약 데모'는 그야말로 우스꽝스러운 시민운동이라고 할 수 있다.

원래 이 '반로토'의 움직임은 2011년 여름부터 빈발했던 '반후지TV 데모'의 연장선상에서 발생한 것이다.

후지TV 본사 앞에 약 6,000명이 모인 데모(2011년 8월 21일)를 비롯하여, 나 역시 전국 각지에서 열린 데모를 취재해 왔다. 데모대의 중심을 이루고 있는 층은 대체로 20~30대 젊은이들이다. 데이트 중인 것처럼 보이는 남녀 커플부터 아이를 유모차에 태운 젊은 엄마들까지, 참가자 대부분은 정치와는 무관해 보이는 '보통 사람들'이었다.

후지TV 데모에서는 유모차를 밀며 걷던 30대로 보이는 한 아이의 엄마가 "방송국에는 애국심이 없다"라고 홍조 띤 얼굴로 나에게 호소하기도 했다.

"한류 드라마만 늘어나는 통에 아주 질렸어요. 여기는 일본이잖아요. 일본인에게 어울리는 프로를 편성해야 합니다."

질 좋은 드라마를 만들기보다 수입 가격이 비교적 싼 한국 드라마에 의존하는 방송국의 편의주의적인 자세는 비판받아 마땅하다고 생각한다. 그러나 항의 데모 중에 여기저기에서 터져 나오는 '방송국은 한국 자본에 놀아나고 있다',

'미디어를 장악하고 있는 것은 재일 코리안이다'라는 주장은 역시 인터넷의 부정확한 정보에 의존한 것임을 한눈에 알아볼 수 있다.

이와 같이 인터넷에서 출발한 운동은 검증 작업 없이 만들어진 가공의 이야기가 횡행하는 탓에 과도하게 공격성이 발동되는 측면이 있다. 이 때문에 '후지TV는 좌익'이라는 식의 앞뒤가 맞지 않는 선동적 구호까지 터져 나오는 것이다.

후지TV에 대한 공격은 나중에 후지TV에 광고를 많이 내보내는 '가오'에도 그 불똥이 튀는 결과를 낳았다. 2채널을 애용하는 주부층이 중심이 된 데모에서는 '후지TV에 돈을 내지 말자!'라는 슬로건과 함께 '합성세제 반대!'라는 주장도 눈에 띄었다. 이렇게 되면 이제는 뭐가 뭔지 모르는 상황이 된다. '중이 미우면 가사(袈裟)도 밉다'는 꼴이 되어 버린 것이다. 그리고 '반가오'는 '반로토'로 이어졌다.

이 운동에 참가하고 있는 사람들은 대부분 "반후지 때문에 눈을 떴다"고 말하는 이름 없는 시민운동가다. 그러나 그들은 도대체 무엇을 위해서 싸우고 있는 것일까? 구체적인 상이 전혀 보이지 않는다. 어렴풋이 느껴지는 것은 어쨌든 한반도가 싫다, 재일이 싫다는 배타주의 감정뿐이다.

게다가 그런 '감정'은 어떠한 검증도 거친 적이 없는 인터넷의 '선동적 정보'에 의해 점점 더 확산되고 있다.

재특회가 주장하는
'재일 특권'은 존재하는가

이른바 '재일 특권'이라는 표현도 그렇다. 재일 코리안
은 일본인 이상으로 우월한 권리를 가지고 있다고 하는데,
실제로 일본에서 일본인 이상으로 우월한 권리를 가진 소수
그룹이 존재하는가?

반복하지만, 특권이라 함은 문자 그대로 특정인에게만
인정되는 우월적 권리다. 그렇다면 재일 특권, 즉 재일에게
만 인정되는 특권이란 도대체 무엇일까? 재일 코리안은 어
떤 권리를 근거로 우월한 지위를 획득한 것일까?

예를 들면 재특회는 '당신은 재일의 특권을 알고 있습니
까?'라고 적힌 전단에서 재일 코리안에게는 다음과 같은 특
권이 있다고 지적하고 있다.

① 특별 영주 자격

'평화조약 국적 이탈자 입관 특례법(平和条約国籍離脱者入
管特例法)'에 의해 인정된 자격이다. 물론 다른 외국인에게는
이러한 자격이 부여되지 않는다. 재일 한국인·북한인을 대
상으로 부여된 특권이라고 할 수 있다. 외국인이면서 일본
인과 거의 동등한 생활을 보장받고 있다.

② 조선학교 보조금 교부

조선학교는 교육법 제1조가 정하는 학교에 포함되지 않기 때문에 '각종 학교'로 분류되면서도, 각 지방 자치체로부터 지원(조성금이나 보조금)을 받고 있다. 문부과학성의 학습 지도 요령을 무시한 반일 교육을 민족 교육이라는 이름하에 실시하면서, 일반 학교와 동등한 권리를 얻으려고 적극적인 활동을 전개하고 있다.

③ 생활보호 우대

생활보호는 가난한 '국민'에게 최저 생활을 보장하는 제도다. 그러나 일본에서는 재일 외국인에게도 생활보호가 적용되고 있다. 이 때문에 '국민 보호'가 등한시되고 있다. 특히 재일 한국인·북한인에 대한 지급 비율이 너무 높아서, 2004년도 통계에서는 외국인 생활보호자 수의 약 70%가 재일이라는 결과가 나왔다(후생노동성 발표).

④ 통명(通名) 제도

표면적으로는 재일 조선인 이외의 외국인에게도 적용되는 제도지만, 실질적으로 이 제도의 혜택을 보고 있는 것은 재일 한국인·북한인이 대다수다. 범죄를 저질러도 범인 이름이 통명으로 보도되기 때문에 본명이 은폐되는 경우가 많다. 사실상 범죄를 조장하는 제도나 마찬가지다.

이것이 증오의 대상이 되는 '특권'이란 말인가? 맥이 확 빠져 버리는 느낌이다. 그들이 주장하는 '특권'에는 어디에도 재일 코리안에게 우월한 지위를 보장하는 부분은 없다. 모두가 보조적·구제적 권리에 불과한 수준이다. 아니 그렇다기보다는 오히려 이러한 권리가 존재하는 것 자체가 재일 코리안의 불안정한 입지를 보여 주는 것이다.

일본에는 현재 약 56만 명의 재일 코리안이 살고 있다. 그들의 숫자는 일본인과의 결혼이나 귀화로 인하여 점점 감소하고 있다. 민족 학교를 다니는 학생들의 숫자도 현저하게 감소하여 학교 운영조차 어려운 상황이다. 일본인·일본 사회와의 동화가 진행되어, 언젠가는 재일이 없어져 버리는 것이 아닌가 하는 우려의 목소리까지 들려온다.

결국 재특회 회원의 대부분은 '특권'을 용납할 수 없는 것이 아니라, 외국 국적의 주민이 일본인과 동등한 생활을 하고 있다는 것 자체를 용납하지 못하는 것은 아닐까? '재일 특권'이란 그들 자신이 만들어낸 '차별성'을 합리화시키기 위해, 나중에 '발견'해낸 것에 지나지 않는다는 느낌이 든다.

대체로 그들이 '특권'이라고 부르짖는 것은 일본인들이 부러워할 만한 것이 아니다. 대부분은 일본인들이 당연히 누리고 있는 것들이다.

재특회가 특권의 필두로 제시하는 '특별 영주 자격'을 보더라도 그렇다. 이것은 입관 특례법에 근거하여 전전과 전시에 일본으로 이주한 구 식민지(한반도와 타이완) 출신자에게 부여된 재류 자격이다. 과거에 일본 국적을 가지고 있었다는 것으로, 다른 외국인과는 구별되는 내용이다. 예를 들면 치안이나 이익과 관련되는 중대한 사건을 일으키지 않는 한, 특별영주자는 강제 출국을 당하지 않는다. 또 체재 기한이 없기 때문에 다른 외국인처럼 체재 연장 허가를 신청할 필요도 없다. 그렇다고는 하지만 이렇게 일본에서 생활할 권리가 인정된다는 사실만으로, 일본인과 비교해서 우월한 조건이라고 할 수가 있겠는가?

특별 영주 자격은 일본이 식민지 정책을 실시하면서부터 패전 때까지 이어진 과거의 역사적 경위에 입각해서 생각해야 한다. 한반도의 식민지화로 인해, 1945년 일본이 패전했을 당시 일본에 남아 있던 재일 조선인의 수는 약 200만 명에 달했다. 그중 많은 사람은 고국으로 돌아갔지만, 고국에서의 삶이 불안정한 경우도 적지 않아서 약 60만 명이나 되는 사람들이 일본에 머무는 길을 선택했다. 그런데 1947년 일본 정부는 이들 구 식민지 출신자들의 일본 국적을 일방적으로 박탈했다. 또 '외국인'이 되어 버린 재일 조선인에게 안정적인 재류 자격을 인정하지 않았다. 그들은 일본의 식민지 지배 정책 때문에 강제로 일본에 살게 되었고, 패전 후에는 재류 자격이 불안정한 상태로 살아갈 수밖에 없었다. 자연히 이러한 상황을 개선하는 일은 재일에게 오랜 세월에 걸친 과제가 되었다. 특별 영주 자격은 1991년의 입관 특례법 제정으로 겨우 인정받게 되었다. 구 식민지 출신자와 그 자손들에게 최소한의 안정적 재류권을 보장하는 것은 일본 정부의 당연한 의무라고 나는 생각한다. 그것이 가해국으로서의 책임 있는 자세가 아닐까?

정말로 조선학교는 '반일'인가

'조선학교 보조금 지급'에 대해서도 오해하고 있는 부분이 적지 않다. 조선학교에는 현재 정부에서 단 1엔의 보조금도 지급하지 않고 있다. 각 지자체의 판단에 따라 조성금이 지급되는 경우가 대부분인데, 평균적으로 공립학교의 10분의 1, 사립학교의 3분의 1 정도다. 특권이라고 주장할 수 있는 정도는 아니다. 그뿐만 아니라 도쿄 도와 같이 조선학교에 대한 보조금 관련의 예산 편성을 중지한 지자체도 있다.

물론 조성금 지급에 관한 협의는 있을 것이다. 학교라

는 존재가 사회를 구성하는 일부분인 이상, 그 본연의 모습에 관해 논의하는 것은 필요한 일이다. 조선학교에 관해서 말한다면 교실에 아직도 북한 지도자의 초상화가 걸려 있는 등 나로서는 정말로 이해가 안 되는 부분도 많다. 교육의 장에 개인숭배를 개입시키는 것은 적지 않은 위화감을 불러일으킨다.

그러나 정말로 조선학교는 '반일'인 것일까?

넷우익 사이에는 '조선학교는 스파이 교육을 한다'는 인식이 퍼져 있는데, 내가 알고 있는 한, 수업 내용은 다른 일반 학교와 다르지 않다.

초등학교에서 고등학교까지 조선학교를 다녔던 내 친구는 쓴웃음을 지으며 대답한다.

"앞으로도 줄곧 일본에서 살아가야 하는데, 어떻게 반일 교육을 할 수가 있겠어? 반일은커녕 중요시하는 것은 조일 친선이야. 재일이 일본에서 어떻게 살아가야 하는지, 그것을 배우는 곳이기도 했어. 대체로 이 시대의 젊은이들은 그렇게 간단하게 세뇌될 리가 없다고 생각해. 아이폰(iPhone)으로 일본의 힙합을 듣고 있는 세대야. 일본인에게 지고 싶어 하지 않는 것은 소수집단(minority)의 입장에서 당연한 것이지만, 그렇다고 일본인이나 일본을 미워하는 사람은 없어. 아이를 조선학교에 보내고 있는 부모 입장에서도 반일 교육 같은 것은 원하지도 않아. 그런 학교에는 아이를 보내고 싶지 않겠지. 그런데 하물며 스파이 교육을 할 수가 있겠어(웃음)? 만약 그런 짓을 하면 아마 전부 자퇴해 버릴 거야."

또 일부 재일 코리안에게는 조선학교야말로 모든 차별에서 해방될 수 있는 '성역'이라는 점도 간과해서는 안 될 것이다.

생활보호의 '우선 수급'에 관해서는 앞에서 설명한 대로다. 통명에 대해서는 통명을 사용하지 않아도 되는 사회를 우리가 만들어 가면 된다.

그럴듯하게 들리는
여러 가지 특권

그 밖에도 인터넷상에서는 '재일 특권'의 내용으로서 다음과 같은 것들이 떠돌고 있다.

- 수도 요금 면제
- NHK 수신료 면제
- 통근 정기권 할인
- 매스컴의 재일 채용 범위
- 자동차세 감면
- 공영 교통의 무료승차권 교부
- 공무원 우선 채용

44

결론부터 말하자면 이상의 내용들은 그야말로 선동적인 유언비어에 불과하다. 수도 요금이나 NHK 시청료에 대해서는 생활보호 수급 세대일 경우 감면 또는 면제될 수도 있지만, 국적에 따라 그것이 적용되는 경우는 전혀 없다.

매스컴의 채용 범위에 관해서는 일전에 재특회 간부가 정색을 하고 나에게 추궁한 적이 있다.

"대형 미디어 업체는 우선적으로 재일을 채용하고 있지 않습니까? 그래서 재일의 주장만 거론되는 겁니다."

내가 "그런 사실은 없다"고 아무리 부정해도, 그 간부는 "신문의 서명 기사를 보면 재일의 이름이 늘어나고 있다는 것을 알 수 있다"면서, 아예 나의 말을 들으려고 하지 않았다.

예전과 비교해 볼 때, 대형 미디어 업체의 한국·북한 국적 사원의 수가 증가한 것은 사실이다. 그러나 실제로 그 수는 손으로 꼽을 정도로 미미하다. 그것도 채용 범위의 문제가 아니라 단순히 입사 시험 성적이 우수했기 때문이다. 매스컴 분야의 외국 국적 사원의 비율은 모든 업종 가운데서도 하위에 속하는 것이 현실이다.

매스컴 문제와 관련해서 나는 취재 중에 '중일 기자 협정'의 존재를 추궁당한 적도 많다. '이 협정이 있기 때문에 중국을 비판하지 못하는 것이 아닌가, 이것 때문에 친중파 기자만 우대받는 상황이 되었다'는 등의 추궁이 바로 그것이다.

별 의미 없는 이야기이지만 조금 부연 설명을 하겠다.

정확하게는 '중일 기자 교환 협정'이라고 한다. 1964년에 중국과 일본 사이에 체결된, 중·일 쌍방의 기자를 서로 상주시킨다는 내용의 협정이다. 주로 쌍방의 주재 기자에게 필요한 편의를 제공한다는 내용 등이 정해져 있다. 그런데 일부 보수파는 그 협정 속에 '중국을 적대시하지 않는다', '두 개의 중국을 인정하지 않는다'라는 문구가 포함된 점을 문제시하고 있다. 이것이 인터넷상에서 퍼져 나가 '일본이 중국 관련 보도에서 연약한 모습을 보이는 것은 이 협정 탓이다'라는 논조가 네티즌 사이에서 유포되기 시작한 것이다.

중국에서 개혁 개방이 추진되던 시절에는 지국을 개설하고 유지하기 위해 보도 기관이 중국을 배려하는 모습을 보이는 일이 분명히 있었을 것이다. 실제로 이를 거부한 기자가 국외로 추방되거나 지국을 폐쇄당한 사례가 있다.

그렇지만 과연 이렇게 오래된 협정이 지금까지도 기자들을 속박하고 있는 것일까? 나는 여러 명의 베이징 주재

46

기자와 주재 경험이 있는 기자에게서 이야기를 들어 보았지만, 그들 대부분은 한결같이 '연약한 모습'의 원인이 협정 때문이라는 논조를 일소에 부쳤다.

현재 중국에 주재 중인 한 기자는 다음과 같이 말했다.

"협정이 기자를 속박하고 있다는 것은 전혀 사실무근입니다. 일상의 취재 속에서 협정 때문에 자신을 규제하거나 원고의 톤(tone)을 억제하기도 한다는 말은 들어 본 적도 없습니다. 심지어 중일 기자 협정의 구체적인 내용을 아예 모르는 기자도 있습니다."

그 기자는 이렇게도 말했다.

"내가 알고 있는 한, 일본 미디어 소속 기자들 중에 좌익적·친중적 성향 때문에 중국 비판 기사를 쓰지 않는 기자는 존재하지 않습니다. 일본의 신문들은 중국 당국을 비판하지 않는 기사는 사실상 게재하지 않습니다. 일본뿐만 아니라 홍콩, 타이완, 한국, 유럽 등의 미디어도 마찬가지입니다. 대국으로 떠오른 중국의 문제점을 전달하는 일에 각국의 미디어는 초점을 맞추고 있습니다. 넷우익들이 '신문은 중국을 비판하지 않는다'라고 말하고 싶은 것이라면, 막연하게 그럴 것이 아니라 개별적인 사례(고속철도 사고, 희토류, 티베트·위구르 등의 소수민족 문제 등)를 들어서 지적해야 할 것입니다. 또 중국에 있는 일본 미디어 소속의 기자가 보도를 제한받는 경우가 있다면, 그것은 아마도 중국의 국내법에 따른 결과일 것입니다. 일본을 포함한 서양 여러 나라에 비해서, 중국이 국가 기밀의 범위가 넓고 또 취재 규제가 광범위하게 적용되는 나라라는 점은 누구나 다 아는 사실일 것입니다. 취재 현장에서는 일본뿐만 아니라 홍콩, 타이완, 한국 그리고 미국, 유럽 등 각국의 중국 주재 기자가 보도 규제 문제를 일상적으로 경험하고 있습니다. 중일 기자 협정과는 아무런 관계가 없습니다.”

나는 프리랜서 기자이기 때문에 ‘기자 협정’이라는 것이 존재한다고 하더라도 그것 때문에 제약을 받을 이유는 없다.

그런데도 나를 가리켜 ‘중국의 스파이’라고 부르는 사람들이 많은 것은 지금까지 일본에서 일하는 중국인 노동자에 관한 르포를 써 왔기 때문이다. 또 재특회 등의 ‘반중국 가두시위’를 인종차별이라고 비판해 왔기 때문이다.

2010년 여름, 나는 중국의 저장 성(浙江省)에서 의류 공장의 노동자들을 취재하던 중에 그 지방 공안 당국에 구속되어 경찰서에서 하룻밤을 보낸 적이 있다. 사전에 당국에 신청하지 않고 취재한 것이 ‘자격 외 활동’에 해당한다는 죄목이었다. 나에게는 불쾌한 기억일 수밖에 없지만 만약 내가 ‘중국의 스파이’였다면 이런 황당한 일도 없었을 것이다.

48

아직도 존재하는
'특권' 신화

재일 특권의 이야기로 되돌아가 보자.

재일이 공무원 채용에서 특권을 누리고 있다는 비판도
날조에 가깝다. 1963년에 내각법제국(內閣法制局)이 '공권
력 행사와 공적 의사 형성에 종사하는 공무원은 일본 국적
이 필요'하다고 명시한 견해를 발표한 이래, 외국 국적을 가
진 사람들은 오랜 기간에 걸쳐 대부분의 공직에서 배제되어
왔다. 그러다가 1996년에 이르러 당시 자치성[7]이 '공권력 행
사에 종사하는 직무나 인사 쪽의 제약을 명시하는 경우에는
채용을 각 지자체의 재량에 맡기겠다'고 선언한 것을 계기
로, 점차 지자체 수준에서 영주 외국인의 고용이 가능하게
되었다. 그러나 아직도 관리직의 등용을 제한하는 지자체가
적지 않다. 국가공무원으로 진출하는 길은 사실상 여전히
막혀 있는 상태다.

이것보다 더 우스꽝스러운 신화도 있다. '조선진주군'이
라는 존재가 그것이다. 인터넷상에는 '패전 직후 일본에서
잔학무도한 짓을 저지른 조선진주군'이라는 유언비어가 유
포되고 있다.

---

7 지방 자치, 선거, 소방 등을 관장하는 중앙 관청.

재특회 오사카 지부에서는 '조선진주군을 아십니까?'라는 표제의 전단을 작성했다. 전단에 적혀 있는 내용 일부를 인용해 보겠다.

"1945년 이후, 현재 특별영주권을 가진 재일 한국인·북한인 1세 혹은 일본에 귀화 또는 반도로 귀국한 조선인들이 만든 범죄 조직을 가리킵니다. 패전 직후 그들은 일본 각지에서 부녀자 폭행, 절도, 폭행, 살인, 약탈, 경찰서와 관공서 습격, 토지와 건물의 불법 점거, 철도와 음식점에서의 불법 행위 등과 같은 온갖 범죄를 저질렀습니다. '조선진주군'을 자처하며, 각지에서 도당을 조직하고 난폭하게 굴면서 흉악한 사건을 일으켰습니다. GHQ[8]의 자료에 있는 것만으로도 최소한 4천 명의 일본 시민이 조선진주군의 손에 희생되거나 살해당했다고 합니다."

"3만 명이나 되는 조선진주군은 패전 후의 혼란을 이용하여, 구 일본군으로부터 훔친 총과 목검으로 무장하고 군복을 착용했으며, 전국적으로 조직을 키워 나갔습니다. (중략) 대낮에 일본인 부녀자가 폭행을 당해 도움을 요청해도, 총으로 무장한 그들에게는 경찰도 어떻게 손을 쓸 도리가 없었습니다."

참으로 극악무도하고 용서할 수 없는 조직이다. 이것이 사실이라면 '조선진주군'에 관한 문헌을 한 장이라도 읽어

---

8 연합국 최고사령관 총사령부(General Headquarters).

보고 싶지만 자료는 어디에도 없다. 일본인이 4천 명이나 살해당했다는 GHQ의 자료는 도대체 무엇이란 말인가? 재특회는 출처도 제시하지 않고 있다.

실은 재특회가 발행한 전단에는 '증거'로서 무장한 '조선진주군'의 사진이 실려 있다. '재일본 조선인 중앙 총본부'라는 간판이 걸려 있는 건물 입구에는 허리에 권총을 찬 제복과 제모 차림의 사람들이 서 있다. 사진 설명에는 '무장 집단 재일 조선인 집단' '권총을 소지한 재일 조선인 경비대'라고 적혀 있다. 이 사진을 언뜻 보면 진주군이나 무장 조직으로 보일 수도 있다.

사실은 재특회가 전단에 게재한 사진은 마이니치신문사의 사진 제공 서비스인 '마이니치 포토 뱅크'가 소장하고 있는 것이다. 신문사는 이 사진에 다음과 같은 설명을 붙여놓고 있다.

'촬영 일시: 1949년 9월. 제목: 재일 조선인 및 조련 본부를 포위한 무장 경찰대.'

그렇다, 허리에 권총을 찬 남자들은 '조선진주군'이라는 무장 조직이 아니라, '조련 본부(조총련과 민단으로 분열하기 이전의 재일 조선인 단체)'를 수색하는 무장 경찰관인 것이다.

저작권을 무시하고 전단에 게재했을 재특회의 '위법 행위'에 대해서는 문제 삼지 않겠다. 어차피 인터넷에서 '퍼

온' 것이고, 죄의식 따위는 애초부터 없었을 테니까. 문제는 어떠한 확인도 하지 않고 자신들의 주장에 유리한 쪽으로 해석해 버리는 재특회의 정신 상태가 아닐까?

이렇게 된 이상 '조선진주군'의 존재마저도 의심스러워진다. 도대체 재특회는 어떤 문헌을 보고 또 어떤 증언을 들었기에 '조선진주군'을 발견해낼 수 있었던 것일까?

실제로 재특회를 지지하는 블로거들은 앞서 말한 사진을 자신의 블로그에 퍼 나르면서, 유언비어를 확산시키는 데 한몫 거들고 있다. 재특회의 '협찬 블로거'를 자처하는 사람들은 이 사진에 다음과 같은 설명을 덧붙이고 있다.

'위의 사진은 1949년에 촬영된 조련 본부의 입구 모습이다. 부츠를 신고 경찰봉을 든 모습은 군인 복장에 가깝다. 우리나라의 치안 경찰이 해체되는 와중에 그들은 자경단을 조직했는데, 사진을 보면 마치 점령군 군인과 같다.'

선입견을 가지고 보면 일본 경찰관도 '군인 복장'을 한 '점령군 군인'으로밖에는 보이지 않는다.

재일 코리안의 '말'

취재를 하면서 알게 된 한 재일 코리안의 말을 지금도 잊을 수 없다.

재특회의 습격을 받은 교토의 조선학교에 아이를 보내고 있는 남성의 말이다.

"우리는 조선인이라는 사실을 자각하면서, 그래도 계속 이 나라에서 살고 싶습니다. 그렇게는 안 되는 겁니까?"

그는 슬픈 표정을 짓고 있었다.

"물론, 나쁜 조선인도 있을 겁니다. 조선인 한 사람이 나쁜 짓을 하면 주위에 있는 백 명의 조선인들이 나쁜 놈 취급을 받게 됩니다. 일본인이라면 당연히 그런 취급을 받을 리가 없을 겁니다. 우리는 일본인과 싸우기 싫습니다. 사실은 무섭습니다. 1대 1로 싸워서 이길 수 있다손 치더라도 결국은 50만 명 대 1억 2천만 명이지 않습니까? 질 것이 뻔합니다. 지금은 재특회 사람과 만나 차분하게 이야기를 나누고 싶은 심정입니다. 조선인으로서 무언가를 사과하라고 한다면 내가 개인적으로 머리를 숙여도 좋습니다. 재특회에게 감사하라고 한다면 감사한다고 말해도 좋습니다. 특별히 빈정대거나 반발심에서 하는 말이 아니라, 정말로 재특회 덕분에 우리는 앞으로 어떻게 살아가야 할 것인지에 대해 심각하게 고민할 수 있는 기회를 갖게 되었다고 생각합니다. 사실 일본이라는 나라는 우리에게도 또 당신들에게도 똑같은 고향이지 않습니까? 서로 사이좋게 지낼 수는 없는 겁니까? 진심으로 이야기를 나누고 싶습니다."

현실 사회에 천국이나 지옥이 존재하지 않듯이, 인종과 국가에도 100%의 선이나 악은 존재하지 않는다. 그것을 알고 있기 때문에, 그는 '증오심은 버려도 좋다'라는 말까지 할 수 있었던 것이라고 생각한다.

아무런 자성도 없이 그저 입정 사납게 '재일 공격'에 혈안이 되어 있는 넷우익 그대들에게는 이 말이 어떻게 들리는가?

제2장

약자의 도구

야마모토 이치로 山本一郎

변해 가는 일본 사회에 남겨진
공포와 무지(無知)의 관계

인터넷 우익, 통칭 넷우익. 이 현상을 바보 집단의 단순한 폭주로 보는 경향이 강한데, 과연 그렇게 간단하게 무시해 버려도 좋은 것일까? 넷우익의 언동에 대해 더욱 깊이 이해하기 위해서는 어떠한 사용자 속성이 모여 있는지를 관찰하는 것이 중요하다. 또 과격하고 치졸해 보이기는 하지만, 어떤 면에서는 본심에서 우러나오는 진지한 발언들로 넘쳐나는 인터넷에 대해 다른 나라의 인터넷 사정과 서로 비교해 가면서, 좀 더 자세하게 살펴보는 것도 필요하다. 본장에서는 이러한 문제들을 다루어 보려고 한다.

실제로 일본뿐만 아니라 각국의 인터넷 공간에서는 반사회적·반정부적 성향의 충동에 휩쓸린 혹은 선동적인 발언들이 난무한다. 각국에서는 이러한 현상을 일본에서의 넷우익 문제보다도 심각하게 받아들여 대책 마련에 나서는 경우도 있다. 먼저 비교의 출발점이 되어야 할 일본의 상황부터 설명해 보기로 하겠다.

일본에서는 넷우익 활동과 관련하여 특히 경제 분야에서 느끼는 우려가 크다. 경제계는 폭력적이고 찰나적인 데모에 참가하는 넷우익의 충동적 행태와 대화가 불가능할 정도로 인터넷상에서 굳어져 버린 넷우익의 고정관념에 대해 공포를 느끼고 있다. 가오나 후지TV에 대한 데모가 발생했을 때, 기업 측은 인터넷에서 격렬하게 비판하던 사람들과 대화할 수 있는 통로를 확보하려고 노력했지만, 이에 실패함으로써 제대로 해명할 기회도 얻지 못했다. 왜냐하면, 그 집단의 중심인물이 누구인지조차도 확실하지 않았기 때문이다. 결국, 기업은 불매 운동과 데모에 시달리게 되면서, 이유 없는 손해를 볼 수밖에 없었다.

인터넷에서 시작되는
데모의 구도

물론 데모에 가담하는 넷우익 개개인에게도 그런 행동을 할 만한 충분하고도 '정당한' 동기는 있다. 그들은 그들 나름대로 순수한 입장에서 일본 사회는 이대로는 안 된다는 강한 우려와 함께 일본인이 일본 사회 속에서 부당하게 역차별을 당하고 있는 것은 아닌가 하는 의구심에 사로잡혀 있다.

문제는 인터넷상에서나 떠도는 논란거리가 그들의 순수한 분노를 야기하고 있다는 점이다. 더구나 제1장에서 야스다가 '망상'이라고 논했듯이, 논란거리의 대부분은 오해이고, 그 오해의 근원 또한 인터넷상에서는 '네타(ネタ)'라고 불리는 의도적 오보, 즉 유언비어에 지나지 않는다. 그런데도 일부 사람들은 이렇다 할 검증도 없이 그와 같은 엉터리 정보를 믿어 버린다. 그러고는 인터넷상에서 이를 확산시켜 나간다. 그 결과, 유언비어는 기정사실처럼 굳어져서 검증 능력이 없는 개인들을 '동원'하게 되는 것이다. 요즘 같은 정보화 사회에서는 조금만 검색해 보면 사실에 가까운 정보를 입수할 수 있을 텐데도 말이다.

그와 같은 유언비어가 자연 발생적으로 생기는 것인지 혹은 누군가에 의해 의도적으로 유포되는 것인지는 별개의 문제다. 일본인, 특히 인터넷에 의존하는 사람들이 스스로 옳다고 믿는 잘못된 정보를 유포하게 되면, 그것을 원동력으로 하는 사회적 현상이 발생하게 되는데, 이와 같은 메커니즘은 이윽고 방대한 에너지의 격류를 만들어내서, 공격 대상이 되는 기업이나 조직, 집단 쪽으로 향해 간다. 쓰다 다이스케(津田大介, 1973~)[1]는 인터넷에서 일어나는 정치 활동을 '동원의 혁명'이라고 했는데, 이는 곧 사물이나 정보를 아무런 검증 없이 맹신하는 '경거망동하는 개인'을 선동하는 행위로 볼 수 있다.

그리고 이러한 행위는 궤도를 수정할 기회도 얻지 못한 채 '연료'라고 할 수 있는 추가 정보가 계속해서 등장하는 한, 또 그들이 어떤 이유에서인지 싫증을 느끼거나 다른 공격 대상이 나타나지 않는 한, 언제까지나 계속된다.

인터넷에서 문제를 일으키는
사람들의 속성

그와 같은 경향이 있다는 전제하에 여기에서 검증해야 할 것은 인터넷에서 문제를 일으키는 사람들은 어떠한 속성을 갖고 있는가 하는 점이다. 일부 보도에서도 밝혀졌듯

---

1 일본의 저널리스트. 유한회사 네오로그의 대표.

이, 인터넷상에서 넷우익의 핵심 근거지는 2채널이고 또 페이스북(Facebook)이나 트위터 등과 같은 매체다. 여기서 파생된 정보는 마토메(まとめ: 정리) 사이트[2]인 'Togetter'나 'NAVER 마토메', 'wiki' 등에 모였다가 결국에는 한 방향으로 수렴되어 간다.

더구나 최근에는 동영상 공유 사이트인 '니코니코 동화(ニコニコ動画)'와 같은 장치도 등장하여, 특정한 정치적 성향을 가진 사람들을 '가두어 두고' 선동할 수 있게 되었다. 문자에만 의존하던 커뮤니케이션 방식에서 벗어나, 싼값에 동영상을 전송할 수 있는 시대적 상황을 배경으로, 넷우익이 환영할 만한 정보를 공개적으로 전달하여 선동하는 구조다.

다만 니코니코 동화 또한 2채널과 마찬가지로 그 자체에 정치적 주장이나 견해가 있는 것은 아니다.

한 인터넷 리서치 회사에서는 대량의 패널을 동원하여 인터넷 이용자들의 정치의식을 조사하고, 그 결과를 고객에게 유상으로 알려 주는 서비스를 제공하고 있다. 그 조사에서는 넷우익 관련 정보가 떠도는 게시판이나 서비스를 1주일에 2번 이상 방문하고, 총 15분 이상 해당 콘텐츠를 즐기

2 주제에 맞는 사이트, 사진, 동영상, 정보 등을 모아 정리하는 스크랩북 서비스를 제공하는 사이트.

는 것으로 보이는 이용자 수를 대략 45만~52만 명 정도에
이르는 것으로 분석하고 있다.

한 달에 1번 이상 방문하거나 흥미를 느껴 재방문하는
사람들까지 포함하면, 그 수는 약 2배인 110만 명 정도에 달
한다. 그들은 어떠한 형태로든 특아(特亞)[3], 즉 한국이나 중
국을 무시하고 업신여기는 콘텐츠를 주체적으로 선택해서
관심 있는 정보를 입수하고 있다. 물론 추산한 110만 명 모
두가 예를 들면 한국을 조소하는 콘텐츠 등을 '즐기는' 것은
아니다. 다만 적어도 흥미와 관심을 가지고 방문해서, 필요
한 정보를 어떠한 형태로든 입수하는 사람들이 그만큼 확실
하게 존재한다는 말이다.

이들이 활동하는 주된 미디어는 블로그와 트위터다. 이
용자의 속성과 자주 방문하는 사이트 사이에는 완전한 상관
관계가 존재한다. '동호인'이 모이는 인터넷상의 장소로는
관련 정보를 전문적으로 취급하는 2채널 계통의 마토메 사
이트나 해외 사정을 소개하는 사이트, 또는 니코니코 동화
의 넷우익 대상 프로를 중계하는 사이트 등이 있다. 넷우익
의 언동을 적극적으로 지지하는 100만 명 이상의 일본인들
이 이러한 사이트에 정기적으로 접속해서 자기 강화를 위한

---

3 특히 반일 감정이 강한 한국, 북한, 중국을 가리킨다.

관련 정보를 반복해서 읽고, 또 인터넷상에서 그 정보를 전
파하는 역할을 하는 것으로 보인다.

요컨대 그런 활동에 푹 빠져 있는 계층이 인터넷상의 같
은 장소를 빙빙 맴돌고 있는 상황이라고도 할 수 있다. 그들
은 누군가로부터 발신된 정보를 받아서 나름대로 해석한 다
음, 이를 다시 편집하고 순화시켜 재발신한다. 그 구조가 정
교하면 정교할수록, 해당 정보에 대해 긍정적 이미지를 갖
게 되는 속성이 있다. 그리고 이러한 속성은 그들 자신의 논
리를 더욱더 강화시켜 주는 역할을 한다.

어떤 의미에서 보면, 광신적 소수 종교 집단처럼 자기
완결을 지향하는 집단이 인터넷상에서 아무런 대가 없이 자
발적으로 활동하는 상태와 같은 것이다.

넷우익의 규모는
최대 120만 명

트위터에서는 2채널과는 달리, 넷우익 개인으로 추정되
는 특정 ID로 해시태그(#)[4]를 이용하여, 빈번히 글을 올리는
사람들을 대거 확인할 수 있다. 예를 들면 '#일본을 사랑하

---

4 해시태그는 트위터에서 '#' 뒤에 특정 단어를 넣어, 그것에 관한 글이라는
  것을 나타낸다.

자'라는 태그의 경우에는 누가 중심이랄 것도 없이 그저 애
국자임을 자처하는 ID의 트윗이 하루 평균 1만 건 이상 올
라오고, 또 평균 600명 정도가 여기에 참여하고 있다.

　얼마 전에는 시험 삼아, 미국에서 적발된 매춘부의 9할
이 한국인이라는 뉴스 기사 내용이 포함된 트윗에 우익 계
통의 태그를 달아서 단축 URL을 사용하여 유포시켰다. 그
결과, 불과 1시간 사이에 900건에서 2,200건이나 되는 조회
수를 기록했다. 넷우익의 글이 빈번하게 올라왔을 뿐만 아
니라, 관련 정보를 보기 위해 많은 사람이 우익 계통의 해시
태그를 확인하고 있었던 것이다.

　Correlatter나 TwitterFriends 등과 같이 트위터에서 활동
하고 있는 개인 간의 관계를 가시화해 주는 도구를 이용해
서 조사해 보면, 그 경향을 더욱 잘 확인할 수 있다. 반한국
이나 반중국, 영토 문제, 무기, 왕실(황실) 문제, 환율, 재일,
반파친코 등과 같은 말에는 각각 1만~3만 명 전후의 활동
적인 사람들이 하나의 거대한 클러스터를 형성한 상태에서
서로 영향을 주고받으며 10만 명 규모의 언론 공간을 형성
하고 있다. 더구나 이것은 트윗을 올리는 사람 가운데 해시
태그를 달고 활동하는 경우만 계산한 것이다. 또 넷우익이
좋아하는 키워드는 넷우익의 속성을 갖고 있지 않은 개인은
거의 사용하지 않는다.

넷우익적 글만을 고려할 것이 아니라, 만약 다른 일반적
인 화제의 경우와 동일한 정도로 글을 올리는 사람과 읽는
사람이 존재한다고 가정한다면, 아마도 10배에서 12배 정도
의 전문적인 독자, 즉 정보를 얻기 위해 글을 읽기만 하는
사람들이 있다는 계산을 할 수가 있다. 또 관심을 가지고 넷
우익적 글을 조회하는 사람은 80만 명에서 많게는 120만 명
정도가 되는 것으로 추정된다.

발언하지 않는다,
지인(知人)이 없다,
학식이나 지위가 낮다

넷우익 클러스터의 규모는 크지만, 이에 비해 발언하는
개개인의 계정 상황을 보면 왠지 씁쓸한 느낌이 든다. 왜냐
하면, 넷우익이 즐겨 이용하는 해시태그에는 대량의 트윗이
모여드는 현상을 볼 수 있지만, 정작 그 ID를 살펴보면 이상
한 점이 발견되기 때문이다. 우선 발언자의 70~76%는 해
당 발언자 ID를 팔로우한 수가 50 이하로 소수에 불과하다.
또 상호 팔로우하는 맞팔로우나 빈번히 서로를 인용하는 인
터넷상 혹은 현실에서의 지인 관계로 추측되는 발언도 매우
적다. 그뿐만이 아니다. 100 이상 혹은 1,000 이상의 팔로

위가 있는데도, 전혀 영향력이 없는 사용자 계정이 현저하게 많은 것도 특징적이다. 한편 발언자 ID의 26%는 과거에 '#followmejp'와 같은 맞팔로우를 원한다는 의미의 해시태그를 달고 발언한 경험이 있지만, 실제로는 소셜 그래프, 즉 인터넷상에서 신뢰할 수 있는 친구 관계와는 거리가 먼 팔로워밖에는 확보하지 못하고 있다.

넷우익 활동을 하는 것으로 여겨지는 사용자 계정은 개별적으로는 거의 주목을 받고 있지 못할 뿐만 아니라 영향력도 없다. 트위터 팔로워의 질을 기준으로 순위를 매기는 사이트인 http://www.infochimps.com(http://trst.me)라든가, 또는 위장 팔로워와 무의미한 맞팔로우를 통해 몸집을 부풀리고 있는지를 변별해내는 사이트인 http://fakers.statuspeople.com/Fakers/Scores 등을 활용해서 진단해 보면, 96%라는 거의 전멸에 가까운 비율로 '영향력이 매우 빈약한 사용자 계정'이라는 판단 결과가 나온다.

즉 넷우익은 인터넷상에서 커다란 파도를 일으키고 있는 것처럼 보이지만, 실제로는 개인적인 차원에서 볼 때 보잘것없는 힘밖에 갖지 못한 사람들의 집합체에 불과한 것이다. 그리고 이것은 그들 자신의 실제 능력의 결여, 자주 대화하는 지인의 부재, 낮은 학력과 지위 등에서 기인한다고 할 수 있다. 어떤 의미에서 보면, 인터넷에서 집단을 형성하여 특정 집단에 대해 자신들의 의견을 주장하는 것이 스트레스나 불만 해소뿐만이 아니라 사명이라고 생각하는 부분도 있는 것으로 보인다.

넷우익들은 현실 세계에서의 자신들의 무력함을 깨닫지 못한 채, 또 인터넷상의 익명성이라는 최소한의 안전장치 뒤에 숨어서 차별적인 언동을 반복하고 있는 것이다.

사용자 계정 지상주의의
넷우익들

넷우익은 흥미를 갖는 정보에 대해서는 빈번하게 조회하는 특성이 있다. 또 특정 화제에 대해 대량의 발언을 쏟아내는 사용자 계정이 논조의 방향을 결정짓는 경우가 대부분이다. 예를 들면, 일본 유니세프 협회의 기부 사업과 관련해서 연예인 아그네스 찬[5] 여사에 대한 의혹 문제가 인터넷에서 발생했을 때, 트위터에서는 처음 1주일 동안에 4,000건 이상, 아그네스 찬 여사에 대한 비판을 계속해서 올린 사용자 계정이 여러 개 생겨났다.

사용자 계정을 추적해 보면, 역시 넷우익의 특정 클러스

---

5 일본에서 활동하는 홍콩 출신의 가수 겸 수필가.

터가 나타난다. 또 여기에는 메인으로 이용하는 이른바 본 사용자 계정과 함께, 찬 여사를 비판하고 중상(中傷)하는 데에만 이용하는 별도의 사용자 계정이 눈에 띈다. 그들은 이러한 계정을 활용해서 인터넷에서는 마치 찬 여사에 대한 비판이 다수파인 것처럼 보이기 위해 노력한다. 매일같이 인터넷에 달라붙어 활동하고 있는 것이다. 그러다가 이윽고 화제성이 떨어지자 그렇게 많던 코멘트의 사용자 계정이 돌연 삭제되어 버렸다. 이유는 관찰하고 있던 나도 잘 모른다. 찬 여사를 비판하는 일에 싫증을 느꼈기 때문일 수도 있고, 혹은 이 문제 때문에 속을 끓이던 일본 유니세프 협회 측이 법적 조치에 나서, 트위터 회사에 사용자 계정의 동결을 의뢰했기 때문일지도 모른다.

넷우익들이 인터넷상에서 전개하는 그와 같은 항의 활동을 무의미하다고만은 할 수 없을 것이다. 그러나 만약에 신중한 성격의 한 개인이 항의 활동을 하는 일반적인 경우를 상정해 본다면, 아무래도 넷우익들의 행동은 왠지 좀 우스꽝스럽다는 생각이 들 수밖에 없다. 이와 유사한 현상은 반한국 콘텐츠(반한류 붐)의 일환으로, 후지TV에 대한 항의 데모를 시작하는 단계에서도 발생했다. 아마도 이것은 동일한 행동 패턴을 지닌 복수의 넷우익들이 관여한 결과 벌어진 현상이라고 생각된다.

쉴 새 없이 무급으로 일하는
사람들이 지탱해 온 '활동'

일반적으로 넷우익이 흥미를 느끼고 떠들어댈 만한 화
제가 생기면, 토론을 위한 해시태그가 등장한다. 그렇지만
그 해시태그를 찾아서 클릭하는 사람의 수에 비해서, 실제
적극적으로 글을 올리는 ID의 수는 적다. '넷우익이 좋아할
만한 정보를 수집하는 적극적인 발언자가 트위터나 2채널,
페이스북 등에 열심히 정보를 유포한다. → 그것을 특정 인
플루언서(influencer, 영향력이 있는 개인)가 수집한다. → 많은
사람에게 더욱 확산시켜 간다'고 하는 일련의 과정이 존재
하는 것으로 생각된다.

보통 넷우익은 컴퓨터를 사용하거나 스마트폰을 조작하
면서, 하루의 대부분을 넷우익 활동에 소비한다. 쉬지도 않
고 무급으로 인터넷 활동을 하는, 이른바 '무적의 인간'[6]에
의해 유지되고 있는 것이 인터넷상에서의 우익 활동의 실
태다.

그중에는 다수파는 아니지만 비교적 건전한 팔로워를

---

6 한마디로 '아무것도 잃을 것이 없는 인간'을 말한다. 이들은 사회적 신용이
  없을 뿐만 아니라 인간관계도 사회적 지위도 없다. 또 잃을 것이 없기 때문
  에 죄를 저지르는 것에 대한 심리적 저항도 느끼지 않는다.

확보하고 있는 사용자 계정도 200여 개 정도는 된다. 이들 인플루언서들이 흥미를 느끼는 화제가 자연히 넷우익들이 거론하는 문제의 중심이 되어 간다. 그리하여 좋든 싫든 넷우익의 무의식적인 리더가 되는 경우가 많다. 실제로 반후지TV 데모에 동참할 것을 호소하거나, 특정 기업에 대한 항의 활동을 준비하기 위해 마토메 사이트를 개설하는 등, 구체적인 활동을 펼치고 있다. 이와 같은 여러 가지 기능에 따라 계층이 형성되고, 또 눈에 보이지 않는 형태로 넷우익이 정보를 유포하는 토대가 되는 커뮤니티나 클러스터가 형성되는 것이다.

그리고 바로 그 토대가 되는 넷우익의 후보군 속에서, 반후지TV 데모나 가오 불매 운동 등과 같은 구체적인 활동에 동참할 것을 부추기는 목소리가 저절로 생겨난다. 그러면 결국에는 모집단(母集團)에 있는 인플루언서를 기점으로 해서, 대개 모집단의 0.3~0.5% 정도에 해당하는 일본인이 그와 같은 부추김에 반응을 보여 호응하게 된다. 적극적으로 행동하는 사람들의 수가 적어 보일 수도 있지만, 화제가 원래 한정적이라는 점과 도쿄를 중심으로 활동하고 있다는 점 등을 고려하면, 상당히 많은 사람이 문제의식을 느끼고 있다는 것을 엿볼 수 있다.

한편 데모에 참가하는 사람들은 다양하다. 데모가 있다

는 소문을 듣고 구경하는 기분으로 가볍게 참가하는 사람이 있는가 하면, 온몸을 불사르는 듯한 정의감에 사로잡혀 달려가는 사람도 있다. 실제로 면대면으로 설문 조사를 진행한 결과, 이러한 데모에 참가하는 사람 중 30% 이상은 자신을 넷우익으로 인정하고 있고, 또 실제로 참가한 인원의 약 절반 정도는 데모 등과 같은 구체적인 활동에 앞으로도 적극적으로 참여하고 싶다는 뜻을 나타냈다고 한다. 참으로 놀라지 않을 수 없는 결과다.

리더 부재의
자연 발생적 네트워크 집단

본래 이러한 반사회적인 운동을 포함해서 정치 활동에 종사하는 사람들은 강렬한 자의식과 상승 욕구, 정치적 주장과 그에 대한 확고한 신념 그리고 자신감을 가지고 행동하기 때문에 자칫 조직적으로는 취약해질 수도 있다. 또 조직 간의 미묘한 주장의 차이를 조정하지 못해 스스로 붕괴되어 가는 경향도 볼 수 있다. 흔히 말하는 조직 간 대립의 첨예화와 그에 동반한 내분이나 폭력과 같은 내부 투쟁이 발생하는 메커니즘이다.

보통은 조직의 주장이 고도화될수록 이를 따라가지 못

하는 사람은 탈락하고, 또 피라미드형 계층 조직인 히에라르키(Hierarchie)의 정점에 있는 사람은 권력 투쟁을 반복하다가 결국에는 몰락한다. 조직 활동의 성공 여부를 결정짓는 주요 요인 중 하나는 '지도력이 있는 좋은 리더를 추대할 수 있느냐'다.

그러나 유감스럽게도 일본의 인터넷에서 전개되는 활동 중에서는 자타가 공인할 만한 좋은 리더에 의해 통솔된 사례가 없다고 해도 과언이 아니다. 오히려 좌익 활동의 연장선상이기는 하지만, 극빈자 임시 지원촌이 발기인(發起人) 유아사 마코토(湯浅誠)[7]의 노력으로 일정 기간 활동을 계속할 수 있었던 것과는 대조적이다.[8] 극빈자 임시 지원촌은 스트레스 해소용 담합 행위라는 비판에 직면하기도 했지만, 견실하고도 지속적인 시민 활동의 결과로 이루어진 성과였다.

그러나 실제로 넷우익 등과 같이 사회 운동의 계기가 될 만한 새로운 충동은 근본적으로 각 개인이 지닌 강한 정치적 주장에서 비롯된 것이 아니다. 이야기의 실마리는 '인터넷에서 본' 출처 불명의 정보를 맹신하는 데서 시작된 것일

7 일본의 사회 활동가. 반빈곤 네트워크 사무국장.
8 야마모토 이치로는 "개인적으로는 유아사 마코토의 능력을 높게 평가한다. 또 그의 정치적 성향에 대해서도 어느 정도 이해는 하고 있다. 그렇지만 그의 모든 활동에 전적으로 찬동하는 것은 아니다"라고 말했다.

뿐이다. 동기 자체도, 자신의 불만을 별도의 대상에게 퍼부음으로써, 이를 해소하려는 데 둔 경우가 많다. 조직적인 활동이라기보다는 리더가 없는 자연 발생적인 네트워크형 집단 정도의 수준이라고 볼 수 있다.

이 때문에 조직을 계속해서 유지하는 데 필요한 구속력이 전혀 없고, 정치적 주장 때문에 내부에서 분규가 일어날 일도 없다. 싫증이 날 때까지 활동하고, 다른 관심사가 등장할 때까지 선동하는 것이 특징이다. 그러다가 다른 화제가 불거져 나오기 시작하면 그 화제로 옮겨간다. 넷우익적 활동에는 2년, 3년 꾸준히 특정 문제에만 몰두하는 성향의 사람이 적은 것이다.

또 그와 같이 끈질기게 특정 문제 해결에 몰두하는 사람은 이른바 마토메 사이트의 관리자가 되는 경우는 있어도, 실제 활동의 중심이 되어 리더로 떠받들어지는 사례는 전혀 없다. 사이트를 방문하여 글을 읽는 사람들은 실질적인 활동에 직접 참여하는 일이 거의 없기 때문이다. 오히려 인터넷상에서 집단을 형성하여 공격 대상에 대해 비판을 퍼붓는 것이 훨씬 손쉽고 효율적이다. 이 때문에 결국 그들은 시간만 나면 인터넷에 접속하여, 대상이 되는 인물이나 조직에 대해 매일매일 계속해서 저주를 퍼붓듯이 공격적인 어조로 비판 글을 작성하고 있는 것이다.

넷우익은
'기업 논리가 통하지 않는 조직'

그리고 이와 같은 특징을 지닌 넷우익의 활동에 대해, 때때로 이들의 비난 대상이 되는 정부 기관이나 다국적 기업, 특히 한국이나 중국에 영합하는 태도나 언동을 보이는 무역업, 금융업, 매스컴은 이전부터 사용해 온 조직적 대응 형태와는 전혀 다른 식의 대응 방안을 마련해야만 하는 위험 부담을 안게 된다. 즉 넷우익은 기존의 일반 고객이 클레임을 제기하거나 폭력단, 피차별 단체 등이 항의하는 것과는 전혀 다른 형태로 문제를 제기하는 것이 보통이며, 그렇게 되면 정부 기관이나 기업 등에서는 통제가 불가능한 개개인을 끊임없이 상대해야만 하는 상황에 놓이게 되는 것이다. 왜냐하면, 그들은 인터넷 사회 특유의 익명성에 의해 보호받고 있을 뿐만 아니라, 주체가 누구인지도 알 수 없기 때문이다.

이른바 매스컴에 대한 대응, 불평 고객의 처리, 총무부 차원에서의 대응과 같은 기업 논리로는 전혀 말이 통하지 않는다. 또 금품의 제공, 즉 이익의 공여를 통해 총회꾼[9]과

---

9 소수의 주식을 가지고 있으면서 주주 총회에 참석하여 난동을 피우거나, 금품을 받고 의사 진행에 협력하거나 방해하는 사람을 말한다.

의 교섭 여지를 확보하던 과거와 같은 수법도 통하지 않으며, 그렇다고 특별한 정치적 주장이 있는 것도 아니다. 그 발단이라고 해봐야 '인터넷에서 봤는데, 당신네 회사는 패씸하기 짝이 없더군'이라는 식의 한마디 말뿐이어서, 대화가 통하지 않는 것은 물론 좀처럼 진정될 기미도 보이지 않는다.

실제로 한 기업에서는 넷우익의 불매 운동이 일어나자, 클레임 처리를 담당한 사원이 외주 업체인 고객 콜센터에 매뉴얼에 따른 대응을 통해 진정시키도록 지시했지만, 문제가 해결될 조짐은 전혀 보이지 않았다. 외주 업체인 콜센터도 폭주하는 문의 건수 때문에 인원이 턱없이 모자라서 별도의 대책 마련에 쫓기는 상황이 연출되었다. 그러는 사이에 그 기업에 관한 주식 관련 정보에서부터 인사나 상품에 관한 내용 등에 이르기까지, 정확한 것이든 트집에 가까운 것이든 모든 관련 정보가 뒤섞인 채로 끊임없이 인터넷 게시판에 올라왔다. 또 이 내용들은 마토메 사이트에 그대로 인용되거나 게재되었기 때문에 문제는 점점 더 인터넷에서 확산되었고, 나중에는 수습할 수 없는 지경에 이르렀다.

결국 마지막에 가서는 인터넷에서 지적되고 있는 상품과 관련한 문제점들이 사실인지를 일일이 검증하는 작업을 하게 되었다. 그 결과, 회사 내부적으로 확인한 바에 따르면, 인터넷에서 지탄받는 문제의 70%에 가까운 항목이 엉 터리 정보거나 아니면 실제 사실과는 관련이 없는 내용이었 다고 한다.

그러나 이것은 어디까지나 그 기업에 근무하는 담당자 가 확인한 내용에 지나지 않기 때문에 액면 그대로 믿을 수 는 없다. 다만 사실이 아님에도 불구하고 다수의 익명 작성 자들이 반복해서 글을 올림으로써, 잘못된 정보가 마치 사 실인 것처럼 유통되어 문제가 커지는 경우도 종종 발생하는 것이 현실이다. 당연히 기업으로서는 이와 같은 근거도 없 는 엉터리 정보를 흘리는 게시판이나 마토메 사이트를 개 설한 개인에 대해서는 사이트의 폐쇄를 요구하고, 또 손해 배상을 청구하는 형식의 서면을 보내 교섭하게 된다. 대부 분이 사실과 다른 엉터리 정보 중심의 마토메 사이트는 개 설 당시부터 폐쇄될 때까지, 대략 2개월 반 동안 1억 3천 만 PV(조회 수)를 기록했다. 소동이 진정된 후 반년 이상이 지난 지금도, 드물기는 하지만 개설자 불명의 미러 사이트 (mirror site)[10]가 뜨고 있는 것을 보면, 악순환은 여전히 현재 진행형이라고 해야 할 것이다.

---

10 다른 사이트의 정보를 그대로 복사하여 관리하는 사이트. 다른 사이트의 정보를 거울처럼 그대로 복사하는 사이트라고 해서 미러(mirror)라는 명칭 이 붙었다.

이상의 내용은 정보 혁명을 통해 최고의 무기를 손에 넣은 사람들이 그 무기를 잘못 사용할 경우에 수습할 수 없게 된다는 것을 잘 보여 주는 사례라고 할 수 있다. 안타까운 일이지만 인터넷 자체는 이제 더 이상 모든 사람에게 편리하고 안전한 도구가 아닌 상황이 되어 버린 것이다.

건전한 방어의식과
민족의식의 융합

그렇다면 넷우익이 내세우는 주의나 주장은 아무런 의미도 없는 무의미한 것일까?

우리는 그것을 이른바 편협한 내셔널리즘이나 배타주의에 지나지 않는 것으로 간단히 무시해 버릴 수도 있다. 그러나 그 주장이 치졸하고 근거가 박약하다고 해서, 아무런 의미가 없는 것으로 치부해 버리기도 어렵다. 왜냐하면 그와 같은 신념을 갖게 된 이유는 그 사람 나름의 가치관과 배경 속에서 진지하게 사회 문제를 고민한 결과라고도 할 수 있기 때문이다.

넷우익은 나에게도 문제를 제기하거나 논쟁을 걸어온다. 매일 인터넷을 통해 십여 건 이상의 메일을 보내오고 있고, 트위터상에서의 선동적 비판도 멈추지 않는다. 그것뿐만이 아니다. 멋대로 재일 한국인 취급을 하거나, 한국 기업에서 돈을 받는 것이 아니냐는 식의 있지도 않은 의심을 한다.

그러나 일본인이 만들어 놓은 일본의 인터넷 사회만이, 내셔널리즘에 빠져서 위험한 상황에 처해 있는 것인가 하면 반드시 그렇지도 않다. 사실은 중국에서도 러시아에서도 유럽에서도 영어권에서도, 아니 인터넷이 보급된 곳이라면 세계 어느 지역에서도, 사소한 말실수나 인터넷상의 엉터리 정보 때문에 대규모 사회 문제가 일어나, 막대한 피해를 초래할 가능성은 존재한다고 할 수 있다.

중동에서 폭력적인 혁명이 발생한 2010년 이후, 리비아와 이집트에서는 국민들이 페이스북이나 트위터 등으로 정보를 공유하면서 효과적으로 반정부 활동을 전개한 끝에, 강압적 정권을 타도하는 데 성공한 사례가 분명히 존재한다. 다만 사후 처리 문제까지 논의를 심화시키지 못했기 때문에 건설적인 방향으로는 좀처럼 대화가 진전되지 않고 있는 것도 사실이다.

현재 인터넷상에는 정보 혁명을 긍정적으로 받아들이는 여러 계층의 사람들이 자유롭게 글을 쓸 수 있는 환경이 구축되어 있다. 그렇지만 아직은 그 정보의 진위를 전부 확인하기란 불가능에 가까운 것이 현실이다. 이상론을 말하자면 인터넷이란 누구나가 참여할 수 있고, 누구라도 지위나 직함 또는 경력과 관계없이 자유롭게 논의할 수 있는 평등한 공간이어야만 한다. 낙관적이고 마치 엘도라도와 같은 인터넷 사회가 단순히 참여하는 모든 사람에게 골고루 올바른 정보만을 제공하는 아름다운 공간이었다면, 넷우익 문제는 일어나지 않았을 것이다.

그러나 현실 세계의 모든 국가와 사회는 인터넷을 통해 자유로운 정보의 유통을 경험한 시민에 의해, 오히려 그 안정을 위협받고 있다고 해도 과언이 아니다. 말하자면 이들 시민 사회는 클러스터를 형성한 후 자신들만의 세상을 만들어내고는, 흥미를 보이지 않는 이웃 클러스터에 대해 노골적인 적대감을 드러내고 있는 것이다. 또 클러스터 내에서 적으로 간주된 대상에 대해서는, 무책임하고도 용서 없는 비판과 매도를 인터넷상에서 주고받는 과정을 통해, 이를 널리 퍼뜨리고 있는 것이다.

이와 같은 현상의 메커니즘은 간단하다. 사람들은 흘러넘치는 정보를 입수할 수 있게 되었고, 이것은 분명히 정보혁명의 덕택이다. 그러나 이와 같이 편리성이 높아짐으로써 알고 싶으면 얼마든지 정보를 얻을 수 있게 되었지만, 사람이 처리할 수 있는 정보의 양은 인류가 탄생한 이래 거의 변하지 않았다. 이것이 바로 문제가 발생하는 이유이자 메커니즘인 것이다. 새로운 정보를 입수하고 생각하는 법을 몸에 익히는 일, 이것이 바로 교육 그 자체이자 교육이 해야 할 일인 것이다.

'상식'과 '교양'이 상실되어 가는 사회

그러나 사람은 나이를 먹는다. 25살 정도가 되면 새로운 언어를 만족스럽게 습득하는 것이 힘들어지고, 새로운 개념이나 지향, 사상은 물론 지식 체계 등을 익히는 것도 어려워진다. 이것은 마치 자신의 전문 영역이나 관심의 대상에서 조금이라도 벗어날 경우, 무엇이 일어나고 있는지조차 전혀 이해하지 못하는 것과 같다.

예를 하나 들어 보자. 나는 야구를 좋아한다. 옛날에는 아침에 『일간스포츠』나 『산케이스포츠』를 사서, 좋아하는 팀과 선수의 활약상을 읽고 스크랩을 하는 것으로 야구에 관한 정보를 얻었다. 또 경기 결과는 밤에 뉴스를 보는 정도만으로도 충분했다.

그에 비하면 요즘은 야구에 대해 알려고만 하면 간단하고 편리한 방법이 많다. 대량의 정보가 유통되고 있기 때문에 야구 관련 블로그나 뉴스 그리고 공식 사이트에는 다 읽을 수 없을 정도로 많은 정보가 가득하다. 과거의 성적이나 리그에 관한 정보는 물론 에피소드도 많아서 언제 어디에서나 가볍게 읽어볼 수 있다. 그러나 새로운 정보를 손쉽게 얻을 수 있게 된 반면, 야구에 관한 정보를 수집하기 위해서는 과거에 스포츠 신문을 읽었을 때보다도 훨씬 더 많은 시간을 할애해야 한다. 그 결과, 야구 이외의 다른 정보를 입수하거나 가족과 대화할 수 있는 시간은 물론, 심지어는 일이나 수면 시간까지도 줄여야 하게 되었다. 달리 말하자면, 새로운 분야, 예컨대 축구나 씨름, 낚시를 비롯한 스포츠 분야나 이와는 성격이 다른 의학이나 시사, 패션 등과 같은 정보 분야에 대해, 새롭게 알아보고 음미해 볼 수 있는 시간을 희생시키고 있는 것이다.

사람들은 정보화 사회가 진행될수록 쉽사리 정보의 바다 속에 고립되어, 동호인들과 함께 그들만의 세상에 빠져든다. 그리하여 타인에 대한 이해와 관심은 물론, 다른 세대와 체험을 공유할 기회를 상실해 버린다. 옛날부터 사람들이 당연한 것으로 여기던 '상식'이나 '교양'이 통하지 않는 세상이 된 것이다.

예를 들어 보자. 사람들은 최근에 젊은 세대에서 유행하는 노래가 무엇인지도 모른다. 그러나 가끔씩 좋은 노래를 들으면서 일하고 싶을 때에는 지금 현재 팔리고 있는 인

기 있는 곡을 사서 들으려고 한다. 책도 마찬가지다. 연간
몇 권 정도밖에 소설을 읽지 않는 사람들이 소설을 읽는 현
명한 방법은 '현재 인기 있는 소설을 읽는' 것이다. 기대에
어긋난 소설을 읽고 나서 후회하느라 시간을 보내기보다는,
인기가 있으면 좋은 소설일 것이라는 판단에서 베스트셀러
를 선택하는 것이다. 결과적으로 베스트셀러가 되었을 때,
그 품질을 외부에 대해 보증할 수 있게 되는 셈이다. 여기에
는 책을 선택하는 사람의 고유한 가치관이나 견식 등은 전
혀 반영되지 않는다. 이와 마찬가지로 재즈도 낚시도 야구
도 게임도 거리의 커피숍 선택도, 어떻게 해야 자신에게 최
적의 선택인지를 모른다. 인터넷으로 검색하거나 잘 아는
친구에게 물어본다. 이와 같이 오히려 타인에게 정보를 의
존하는 사회가 정보화 사회의 실제 모습인 것이다. 이러한
상황에서는 자신과 관련이 없는 전문 분야나 민족, 사회 조
직, 가치관 등에 대한 이해력이 점점 낮아질 수밖에 없다.

몰이해의 연쇄

이와 같은 현상은 인터넷 환경이 발전할수록 더욱 심각
해져 간다. 세계 각지의 인터넷상에서 벌어지고 있는 많은
일은 실은 고립화된 개인이나 민족 심지어는 국가에 의해

주도되고 있으며, 그 배경에는 상대에 대한 몰이해가 존재한다. 그리고 이러한 몰이해는 연쇄적으로 상대의 몰이해를 불러일으킨다. 예를 들면, 러시아의 인터넷에서 러시아인 애국자가 에스토니아에 대한 공격을 감행하자, 이에 분노한 에스토니아인 엔지니어와 인터넷 기사가 러시아에 대해 분연히 반격한 사례도 있다. 일종의 완전한 사이버 공격이라고 할 수 있다.

일본에서는 한국인에 대한 노골적인 차별 의식을 품고 있던 네티즌 세력이 하나로 뭉쳐 이를 표명하는 과정에서 반한류 붐이 일어났다. 그리고 이는 다시 격류를 형성해 끝내는 한국 드라마를 방송하는 후지TV에 대한 항의 데모로까지 발전했다. 처음에는 인터넷상에서 시작한 작은 언동에 불과하더라도, 그것이 현실 세계에서 직접적인 행동으로 표면화될 경우에는 그 대상이 되는 미디어나 정부, 기업 등은 대응책을 마련해야 하는 상황으로 내몰릴 수밖에 없다.

한편 해외에서는 이와 유사한 일이 발생할 경우에 정치성을 동반하는 경우가 많다. 예를 들면, 1990년대 후반부터 2010년경까지 극단적인 반글로벌리즘이 성행했다는 사실은 매우 상징적이다. 1999년 미국의 시애틀에서 WTO 제3차 각료 회의가 개최되었을 때, 아직 인터넷 환경이 일반화되기 이전이었음에도 불구하고, 인터넷상에서의 고지가 주효하여 약 5만 명이 항의 데모에 참가했다. 일부 참가자는 경찰대와 충돌하는 과정에서 화염병을 투척하고 점포를 부수는 등 과격한 행동을 보였고, 이에 비상사태가 선포되기도 했다. 사실 이 사건은 인터넷을 이용한 선동 역사의 개막이라는 점에서 획기적인 의미를 갖는다.

이 사례 등을 계기로 인터넷을 활용해서 특정 화제에 관심을 보이는 사람들을 실제 데모나 집회로 끌어내는 움직임이 하나의 성공 패턴으로 정착하게 되었다. 인터넷은 소수파, 환경주의, 반글로벌리즘, 인권 활동 등의 각종 클러스터에 속한 사람들이 서로 규합하여 행동에 나서려고 할 때, 이를 위한 주요 도구로서 기능하게 된 것이다. 내셔널리즘은 어느 국가나 사회, 지역에서도 자연 발생적으로 존재하는 집단주의다. 이것은 차별 문제, 경제, 국가 시스템, 치안 등과 같은 주변의 관련 화제에 많은 영향을 미치고 있으며, 그 과정에서 인터넷 사회의 한 부분으로 정착해 가고 있다.

해외의 심각한
선동 사례

일본의 넷우익은 감정 폭발을 스스로 억제하는 성향을 보인다. 이것은 상대적인 이야기이기는 하지만, 다른 나라

84

에서 벌어지고 있는 심각한 사례를 살펴보면 잘 알 수 있다. 2011년 8월 4일 런던 북부의 토트넘에서 범죄 용의자로 지목된 29세의 흑인 남성이 경찰관에게 사살되는 사건이 발생했다. 그러자 이 사건을 계기로 영국 폭동, 일명 '바보제(祭)'[11]가 시작되었다. 이것이 완전히 진정되는 8월 11일까지 약 1주일 동안, 폭동은 런던을 비롯한 영국의 각 도시로 확산되었다. 당시 폭동의 계기와 확산에 크게 기여한 것은 보급된 휴대 단말기 블랙베리의 무료 메시지 기능과 소셜 미디어였다.

소셜 미디어의 성격을 굳이 말한다면 중립적이라고 해야 할 것이다. 따라서 소셜 미디어가 폭동을 선동하고 확산시키는 데 이용되었다는 것은 운이 나쁘다고밖에는 할 수 없다. 그러나 영국 경찰과 런던 경찰국은 트위터 등의 소셜 미디어가 폭동을 조직화하는 데 이용되었다고 비판했다. 다만 실제로는 갑자기 트위터가 폭동을 조직화하는 데 기능한 것은 아니다. 평소 트위터를 통하여 생활의 불만이나 사회에 대한 반발을 공유하는 커뮤니티가 이미 형성되어 있었다. 일정한 규모의 불만분자가 집단화되어 있었던 것이다.

---

11 중세 유럽의 바보제(Feast of Fools)를 빗대어 이른 말이다. 사람들은 크리스마스부터 신년에 걸쳐 난장판을 벌였는데, 이것은 일상의 질서를 파괴함으로써 새로운 힘 또는 질서에 대한 기대를 표명하는 행동이었다.

그렇지만 영국인 네티즌이 현실에 대한 불만과 반발을 표현
한다고 해서, 사회에 유해하다는 이유로 그와 같은 정보 유
통을 금지할 수는 없는 노릇이다.

영국 경찰은 폭동 초기에 점포에 대한 약탈을 단속했지
만, 폭도가 결집하는 것을 막거나 해산시키는 데는 실패했
다. 어떤 의미에서 보면, 군중이 일종의 '축제'로 오해했던
것이 폭동으로 발전한 원인 중 하나였다. 또 폭동에 참여한
주요 구성원은 영국에서 가장 가난한 지역에 사는 다양한
민족 계통의 사람들로, 카운슬 플랫(council flat)이라고 불리
는 저소득층을 위한 공공 임대 주택 주민들이 다수 포함되
어 있었다. 폭동 초기에 체포된 폭도는 그 과반수가 퍼스널
얼라우언스(Personal Allowance), 즉 공적 생활보호의 수급에
의존하여 생활하고 있던 실직한 젊은이들이었다.

놀랍게도 간단한 읽기와 쓰기밖에 하지 못하는 교육 수
준이 낮은 사람들이 인터넷을 통해 정보를 얻자마자 거의
반사적으로 폭동이나 약탈에 참여했다고 한다. 그들은 저소
득자이기는 했지만, 생활에 관한 정보를 얻는 데 필요한 휴
대 전화는 대부분이 소지하고 있었던 것이다.

사회에 불만을 품은 계층이 인터넷 정보에 선동되어 폭
동에 참가하는 경우는 영국에만 있는 이야기가 아니다. 문
맥은 다소 다르지만, 독일에서도 이민자들에게 일자리를 빼

앗겼다고 주장하는 보호주의자 클러스터를 중심으로, 나치
즘을 재평가하는 움직임이 일어나고 있다. 이러한 움직임
은 인터넷상에서의 논의와 일부 연동하면서, 네오나치(Neo-
Nazi)라고 불리는 새로운 국수주의와 대독일주의를 표방하
는 회귀적 정치 운동에 직결되어 있다. 물론 지금의 민주적
인 정치 체계를 전복시킬 정도로, 많은 독일인이 나치의 부
활을 바라고 있는 것이 아니라는 점만큼은 확실하다. 그렇
지만 인터넷상에서 발언을 일삼는 클러스터가 급진화한 결
과, 파시즘이나 좌익 등과 같은 특정한 주의나 주장 또한 급
진화하는 사태가 초래되었다. 그리고 이는 다시 군중 심리
에 편승하여 결사화(結社化)로 이어졌고, 그 과정에서 폭력
적 사상의 용인을 가져온 것으로 보인다.

　소셜 미디어의 공적이라면 무엇보다도 '아랍의 봄'을 꼽
을 수 있을 것이다. 리비아와 이집트 등 중동 지역에서 벌어
진 민주화 요구는 대규모 반정부 시위로 발전하였고, 그 결
과 실제로 리비아에서는 독재자 카다피(Muammar Gaddafi)가
횡사하기도 했다. 그 후 리비아에서는 아사드 정권과 반정
부 세력의 투쟁이 지금까지도 계속되고 있다. 또 최근에는
이스라엘이나 케냐와 같은 나라들이 선전 포고를 트위터로
하는 등 과거에는 상상도 할 수 없던 일들이 벌어지고 있다.

　물론 이러한 해외 사례들을 들어가면서 '일본의 넷우익

활동은 아직 약하다'고 선동할 생각은 없다. 다만 인터넷을 통한 자유로운 정보 유통은 장점일 수도 있지만, 그 정보를 받아들이는 쪽의 정보 선택 능력이나 취사선택의 문제, 또한 발신자 쪽의 엉터리 정보나 선동 등과 같은 문제들을 내포하기 쉽다는 점도 간과해서는 안 될 것이다. 다시 말해서, 대량의 정보를 입수할 수는 있어도 그런 정보를 확보한 당사자가 의미 있는 행동을 할 수 있도록 유도할 만한 체계는 현재의 인터넷상에는 존재하지 않는 것이다.

결과적으로 보면, 사물의 옳고 그름을 판단할 수 없는 젊은 사람들이나, 평소에 막연한 불안감을 느끼며 살아가는 마음 약한 사람들이 선동이나 그릇된 정보로 인해 마음이 흔들리는 경우가 많다. 그리고 이들이 사회 불안을 조장하는 비생산적인 인터넷상에서의 언동이나 근거 없는 데모에 동원되는 사례가 끊이지 않는다.

일본은 매우
행복한 사회

해외에서 일어나는 폭동과 페이스북·트위터 등 소셜 미디어의 관계에 대해서는 긍정적인 평가와 부정적인 평가 모두 가능하다. 또 부당하게 억압받는 국민들이 목소리를 내기 위해 국가 권력의 손이 미치지 않는 이들 서비스를 이용하여 서로 규합하고, 정부에 대항하려 하는 것도 이해가 된다.

이에 비하면 일본의 넷우익은 그와 같은 활동과는 아직 거리가 멀다. 후지TV 앞에서 '한국 드라마를 방영하지 마라'고 주장하는 수준에서 데모 활동을 전개하는 것이 고작이다. 그러나 이것은 다른 의미에서 생각해 보면, 일본이 혜택받은 나라이자 행복한 사회라는 사실을 반증해 주는 것이기도 하다.

일본 사회에는 정말로 사람이 죽어 나갈 정도의 빈곤이나 차별이 존재하지 않는다. 계층 간의 격차가 벌어지고 있기는 하지만, 아직은 동질성이 높고 또 누구나가 일본인이라는 일본 사회 특유의 안정성이 있다. 괴롭기는 하지만 죽을 정도는 아니기 때문에, 그렇게까지 절박한 상황은 아닌 것이다.

일본의 넷우익은 '바보다, 얼빠졌다'고 매도되거나 무시당하는 경향이 있다. 그렇지만 미국, 영국 등 영어권이나 러시아의 인터넷상에 등장하는 넷우익적 내셔널리즘의 언동과 비교해 보면, 일본인들이 쓴 글은 아직은 제대로 된 논쟁의 형태를 갖추고 있다고 할 수 있다. 실제로 런던 폭동 때는 이에 동참할 것을 호소하는 글이 빈번히 올라오고, 유튜브(YouTube) 등에서도 폭동 관련 영상이 자주 등장하기는 했지만, 분명히 지성에 문제가 있다고 느껴지는 발언이 적지 않았다.

영국에서는 런던 폭동을 계기로 민간의 인스턴트 메시지에 대한 감시를 강화하자는 의견이 대두되었다. 그리하여 경우에 따라서는 페이스북이나 트위터 등 국민의 정보를 필요에 따라 정부가 강제적으로 차단하는 방법이 강구되고 있다고 한다. 실제로 이집트에서는 폭동을 초기에 진압하는 데 실패한 이후, 폭도들의 집회 정보를 페이스북상에서 감시하는 한편, 메일 등도 일일이 체크하는 조치를 취했다. 그럼에도 불구하고 혼란이 진정될 기미를 보이지 않자, 결국에는 페이스북을 일시적으로 조회할 수 없게 만드는 대책을 마련하여 실행에 옮길 수밖에 없었다.

또 영국에서는 인터넷상에서 소아성애(小兒性愛)를 의심받던 한 정치가가 이 정보를 트위터로 유포시킨 1만여 명의 사람들에 대해 소송을 제기하는 사건이 발생해서 물의를 일으키기도 했다. 이 사건은 2012년 12월 현재까지도 영어권의 인터넷 세계에서 정보 규제 문제와 관련하여 큰 이슈가 되고 있다. 인터넷 보안과 프라이버시의 문제, 즉 표현의 자유와 통신의 비밀을 어느 선까지 허용할 것인지를 두고 논란이 벌어지고 있는 것이다.

그러나 사회에 절망하고 미래가 불투명한 젊은이들이 인터넷에 매달리고 있는 현실에서, 그들에게 인터넷상의 방대한 정보를 정밀히 조사하고 올바르게 분별하여 냉정하게 행동하라는 것은 무리한 요구일 수밖에 없다. 이러한 상황에서 자극적이고 선동적인 정보가 올라오게 된다면, 진위가 어떻게 되었든 간에 떠들고 싶어지는 것이 사람의 심리일 것이다.

저소득층 약자들의
도덕성 그리고 정의

세상에는 실로 다양한 가치관과 주의, 주장이 있다. 그럼에도 불구하고 넷우익은 왜 자신들의 세계에 틀어박혀서 근거 없는 언동을 신봉하게 된 것일까?

나는 트위터상에서 넷우익으로 판단되는 ID 200여 개를 4개월에 걸쳐 관찰하면서, 발언한 내용의 단어를 중심으로 관심 분야를 분석해 보았다. 그 결과, 가장 많이 등장하는 분야의 단어부터 나열해 보자면 '촌(조선인을 비하하는 말)', '다케시마(독도)', '생보(생활보호)', '무직', '바보', '중국', '재일' 등의 순서로 나타났다. 특히 한국의 현상이나 뉴스, 한국인, 재일에 대한 매도가 두드러진다는 점에서 넷우익적 발상을 여실히 엿볼 수 있다.

한편 넷우익의 주장 가운데는 그 근거의 타당성 여부를 떠나서, 비교적 이성적이라고 평가할 만한 점도 있다. 즉, "재일 한국인이 정당한 절차를 밟아서 귀화한다면 그것은 상관없다. 그러나 일본에 살고 있으면서 일본을 비난하는 행위는 용서할 수 없다. 그렇게 일본이 싫으면 한국으로 돌아가면 되지 않는가?"라는 것이 바로 그것이다. 이런 점에서 볼 때, 옳고 그름의 문제를 떠나서 적어도 사상적인 측면에서 본다면, 넷우익에게도 일정한 방향성은 있는 것처럼 보인다. 그러나 개별적인 정책이나 주장과 관련해서는 통일적 견해가 존재하지 않는다.

예를 들면, TPP(환태평양 12개국 자유 무역 협정)나 지방 재정 등의 문제와 관련해서, 이를 담당하는 관료나 정치가에 대한 원색적인 비난을 쏟아내고는 있지만, 이러한 행동이 통일된 견해를 바탕으로 한 것은 아니라는 것이다. 모두가 TPP를 반대하는 것도 아니고, 지방 자치체로서 자립이 안되는 곳은 파산해도 좋다고 생각하는 것도 아니다. 사람에 따라 상당한 견해차가 존재하는 것이 사실이다. 이와 같이 개별 정책에 대해서는 사상적 통일성이 없는 상태에서, 특정 경제 평론가 등이 넷우익을 선동하고 있는 것이며, 그 과정에서 하나의 파벌을 형성하고 있는 것뿐이다.

단어가 아닌 문구 위주의 검색을 해 보면 상황은 더욱 명확해진다. 한국 경제는 파탄 일보 직전으로 채무가 3천조 원에 달하며 GDP의 234%에 상당한다는 등의 경제 관련 문제에서부터, 다케시마(독도) 등의 영토 문제나 한국 드라마 방영에 관한 문제, 보조금 문제, '군 위안부' 문제 그리고 파친코 및 재일 특권 등의 문제에 이르기까지, 대부분이 한국을 매도하는 목소리뿐이다.

물론 그 이외에도 넷우익들은 중국이나 미국에 대해서도 반감을 드러내고 있다. 그러나 구체적인 방침이나 원칙을 가지고 반미·반중을 외치고 있다고는 할 수 없다. 일본 인터넷상에서의 내셔널리즘은 원칙적으로 반한국적 언동이 최대공약수를 이루고 있는 상태다. 반중은 그보다는 낮은 비율이며, 반미는 반중보다 훨씬 낮은 비율을 차지하고 있다.

반중이나 반미 가운데 무엇보다도 특징적인 것은 일상적으로 중국을 무시하는 발언을 일삼는 특정 넷우익의 행태다. 이들은 드물기는 하지만 가끔씩 '중국인이 가장 싫어하는 기업은 한국의 삼성'과 같은 뉴스가 올라오게 되면, 갑자기 태도를 바꿔 중국인 편에 서서 한국인을 부정하는 이례적인 모습을 보이기도 한다.

그들이 모든 넷우익을 대표한다고는 할 수 없지만, 일정한 경향성은 보여 준다고 생각한다. 차별 감정이라기보다는 자기 자신의 아이덴티티를 확립시키기 위해 자신보다 하위의 계층을 만들어낸 다음, 이들을 인터넷상에서 무차별적으로 공격함으로써 자신이 안고 있는 고민거리를 떨쳐내는 행위의 연속이자 집적이라고밖에는 달리 설명할 방법이 없다. 일종의 르상티망(ressentiment, 원한이나 증오)이라고 할 수 있다.

그들이 한국을 비판하는 근거가 얼마나 박약한 것인지에 대해서는 야스다가 제1장과 자신의 저서를 통해 충분히 설명한 바 있기 때문에, 여기에서는 더 다루지 않기로 하겠다. 그렇지만 적어도 인터넷상에서의 발언을 통계적으로 고찰해 보면, 감정의 방향성이 처음에 생각했던 것과는 반대인 것 같다.

인터넷에서의 내셔널리즘의 원천은 내면적으로 자신이 일본인이라는 사실을 긍정하는 것에서부터 출발했다고 보기 어렵다. 그보다는 오히려 혐한 의식이 전제된 상태에서 기분 나쁜 한국인에 의해 부당한 공격을 받는 일본인과 불우한 입장에 놓이게 된 자신을 자각하는 일에서부터 시작된 것이라고 할 수 있다. 말하자면, 불이익을 감수한 채 좋지 않은 환경에 놓인 자신의 모습을 받아들이는 과정이야말로, 인터넷 내셔널리즘의 원천이 아닐까 하는 생각이 드는 것이다.

일반적으로 우리가 우익 활동이나 민족주의, 국수주의 등을 분석할 경우에는 먼저 가치관의 핵심이 되는 부분을 고찰한다. 그것은 절대적이고 신성한 존재인 일왕(천황) 및 왕족(황족)이 될 수도 있고, 욱일기(旭日旗)가 될 수도 있다. 일본인으로서의 DNA, 일본의 전통, 사회, 영토는 물론 그 밖에 일본을 일본답게 해 주는 무엇인가가 우선 존재하는 상태에서, 우익은 이를 보호하고 유지하기 위해 활동하는 것이다. 이것이 바로 일본 우익의 형태다. 따라서 반드시 일본인이 아니더라도 이러한 우익의 형태를 갖출 경우, 일본에서는 우익 활동의 범주에 포함될 수 있다.

한편 일본에서는 일본적 가치관에 대해 상반된 태도가 존재한다. 일본의 확고한 우익적 가치관이나 일본을 일본답게 만드는 우익적 요소 등을 배제하는 방식, 즉 세계 공통의 내셔널리즘적 사고방식 쪽으로 기울어져 가는 인물이나 단체가 있는 반면, 우익 활동의 연장선상에서 강한 국가관이나 강한 일본인상으로 무장한 다음, 국수주의에서 파시즘 쪽으로 전개해 가는 접근 방법도 존재한다. 어쨌거나 대외적인 일은 제쳐놓고서라도, 강렬한 일본관에서 도출되어 나온 주의나 주장을 전개하는 과정에서 북방 영토의 회복이나 다케시마(독도) 주권의 주장 또는 일본의 독자적 헌법 제정 등을 주장하는 언론이 등장하게 되는 것이다. 그리고 이것은 결과적으로 반한국, 반중국, 반러시아, 반미국 등과 같은 비판적 태도와 결합해 가는 것이다.

그러나 넷우익의 경우는 약간 양상이 다르다. 물론 일본인이라는 강렬한 자부심을 갖고 있는 사람들도 있기는 하다. 그렇지만 일왕가(천황가)가 일본에서 어떠한 논의를 거쳐서 어떠한 기구와 권한을 가지고, 오늘날의 국가와 일본 사회 속에서 존재하게 된 것인지에 대해서는 기본적인 이해조차 되어 있지 않다고 해도 과언이 아니다. 이 때문에 넷우익 중에는 이해가 부족한 만큼 왕족(황족)을 비판하는 사람들도 있다. 특히 오와다(小和田) 가문을 중상모략하는 부정적인 글을 반복해서 올리는 네티즌도 끊이지 않는다. 어떤 의미에서 보면, 진위가 무엇인지를 검증할 수 있는 지적 능력을 갖추지 못한 사람들이 자기 나름대로 이해하려고 무리를 한 결과, 일방적이고 극히 질이 나쁜 음모론으로 귀결되어 버리는 경향이 있다고 할 수 있다.

'누구한테도 인정받지 못하는 자신'을 직시할 수 없는 연약함

넷우익 언론의 대부분은 먼저 일본인으로서의 자부심을 느끼기보다는 오히려 부당한 피해를 당하고 있는 것은 바로 자신들이라는 입장에서 세상을 바라본다. 자신들보다 잘 나가는 한국인과 한국 경제는 괘씸하다. 한국을 날뛰도록 내버려둔 일본의 관료와 정치가들은 괘씸하다. 일본의 통치기구는 일본인에 대해 역차별을 하고 있다는 식의 논리를 구축하고 있는 것이다. 이러한 넷우익의 접근 방식은 종래의 전통적 우익이 파시즘이나 내셔널리즘 쪽으로 양분되어 갈 때 보여 주던 모습과는 다르다. 어떤 의미에서 보면 이것은 떨쳐 버리기 힘든 피차별 의식이나 피해망상과도 같다고 할 수 있다. 따라서 이들 넷우익은 잘 나가지 않는 자기 자신을 스스로 구제하려고 하는 심리 작용으로서의 넷우익이라고 규정할 만하다. 그렇기 때문에 자신 이외의 모든 권위는 물론, 자신보다 아래로 생각되는 모든 계층 등에 대해, 불만을 품고 비판하지 않으면 견딜 수 없는 상태가 되는 것이다.

동일한 문맥에서 바라보면, 억압받고 있는 시민을 해방해야 한다는 대의명분을 내걸고 활동 중인 일본의 넷좌익도, 심리적 측면에서는 넷우익과 별로 다를 것이 없다. 이들은 생활에 대한 막연한 불안감에서 반정부 활동을 벌이고 있으며, 후쿠시마 원자력 발전소 사고가 발생한 직후부터는 이를 빌미로 정부의 발언은 신용할 수 없다는 식의 주장을 계속하는 접근 방식을 취하고 있다. 현재는 인터넷상에서 원자력 발전에 반대하는 활동을 벌이면서 동조자를 규합하는 데 집중하고 있다.

현상에 대해 반응하는 모습을 보면 넷우익과 넷좌익 사이에는 일정한 차이가 있는 것처럼 보인다. 그렇지만 잘 살펴보면 그 밑바탕에는 분명한 공통점도 존재한다. 누군가로부터 부당한 억압을 받고 있기 때문에 자신이 잘 나가지 못하는 것이라는 피해망상을 가지고 있으며, 아울러 이러한 피해 의식을 자신들의 활동을 지탱하는 에너지의 원천으로 삼고 있는 것이다.

결과적으로 보면, 넷우익을 포함한 인터넷상의 언설은 주위의 모든 대상에 대해 적대적인 태도를 보이는 경향이 있다. 그것은 자신을 제외한 모든 대상을 악으로 간주하는 것이 편리하다고 느끼기 때문이다. '최대 공약수'로서 반한국이 넷우익의 기초라고 생각되는 이유는 바로 여기에 있다. 그러나 넷우익은 한국에 대해서만 부정적인 것이 아니다. 국가 권력의 중추이자 내셔널리즘의 대상 중 하나인 일본 경찰에 대해서도 결코 우호적이지 않다. 경찰이 파친코 업계와 유착된 모습을 보이는 불상사가 발생했을 때는 일본 경찰을 부숴 버려야 한다고 주장했을 정도다.

자신이 어떠한 가치관을 정립해야 하는지, 또 그러한 가치관에 입각하여 무엇을 지지해야 하는지에 대한 사고가 확실히 부족하다.

정도의 차이는 있지만 모든 조직이나 단체는 넷우익이 부정하는 대상이 될 수 있다. 만약 그렇다면 그것은 넷우익의 사회 경험이나 지식 문제와 관련이 있을 가능성이 있다. 그러나 보다 근본적인 관점에서 본다면, '하고 싶은 일은 있지만 실제로는 할 수 없는 자신', '누구에게도 인정받지 못하는 한심한 자신'을 직시하지 못하는, 넷우익 자신의 심적 유약함이 밑바탕에 깔려 있기 때문일 것이다.

한편 넷우익 중에는 자신을 하찮은 존재로 여기면서도, 무엇을 해야 할 것인지를 지속적으로 모색하는 성실한 사람들도 있다. 달리 표현하자면, 넷우익이든 넷좌익이든 국가와 사회, 가족을 걱정하면서 이를 위한 활동에 헌신하고자 하는 순수한 마음을 가진 사람들도 존재한다는 것이다.

그렇다면 구체적으로 일본이 주권을 위협받고 있는 센카쿠 제도(尖閣諸島, 댜오위댜오)나 다케시마(독도)를 어떻게든 해야 한다고 떠들기만 할 것이 아니라, 실제로 의미 있는 활동을 하기 위해 움직여야 할 것이다. 인터넷에 연결된 컴퓨터가 놓여 있는 따뜻한 방구석에서 뛰쳐나와서, 자위대에 지원을 하든지, 아니면 일을 열심히 해서 돈을 많이 벌어 국가와 사회, 가족을 위한 활동에 기부라도 해야 한다. 자신의 가치를 높이고 열심히 일해서 세금을 많이 내는 것이 바로 일본의 국력 유지를 위한 최대의 공헌인 것이다.

인터넷 사회가 우리에게
던지는 문제

넷우익 문제는 우익적 언동을 지지하는 지식인들의 질
적 수준 문제이기도 하다. 미안한 말이지만, 현재 넷우익 논
단의 중심에 서 있는 사람들은 경제 지식이나 사회 지식, 행
정이나 안전 보장 등의 분야에 대해, 너무나도 편중된 견해
를 표명하고 있다. 넷우익의 어용(御用) 언론인이라는 테두
리에서 한 발짝도 벗어나지 못하는 미묘한 언설만을 늘어놓
음으로써, 넷우익 이외에는 아무런 지지도 받지 못하는 이
상한 현상을 일으키고 있다. 이것이 바로 장사라고 솔직하
게 인정하는 태도를 보이면 좋은데, 전혀 그렇지가 않다. 이
렇게 하면 일본 사회와 일본 경제를 구할 수 있다는 식의,
어디선가 한 번쯤은 들어 본 것 같은 논리를 가져와서 넷우
익의 압도적인 지지를 받아 화제가 되기도 한다.

여기에는 이른바 시장 논리로 넷우익을 바라보는 관점
이 존재한다. 넷우익이 좋아할 만한 언동을 인터넷에 올려
서 이슈화시키고, 그러한 분위기를 틈타 저서의 판매 부수
를 늘린다. 또 인터넷 방송을 하면 돈을 벌 수 있다는 약간
은 비즈니스적인 측면을 우선시하는 모습도 엿보인다. 그것
이 설령 질 낮은 음모론에 지나지 않은 저속한 싸구려 논리

일지라도, 기꺼이 돈을 지불하고 즐겨 읽는 사람들이 있다면 그것 또한 그 나름대로의 생태계이기 때문에 어쩔 수가 없는 노릇이다.

단, 그것은 너무 편중되어 있어서 일반인들로부터 폭넓은 지지를 받을 수는 없다. 어떻게 보면 네티즌들은 폐쇄적 성향의 일본 사회를 변혁시킬 수 있는 힘을 갖추고 있다고도 할 수 있다. 그럼에도 불구하고 불행하게도 그들은 자가발전하고 자가소비하듯이 매치 펌프(match pump)[12]하면서 같은 곳을 빙글빙글 돌아다니고 있을 뿐이다. 결국 한국을 비판하는 일밖에는 규합할 만한 재료가 없는 것일까 생각하면 암담한 기분마저 들기도 한다. 자신을 경계하고 비하하는 마음에서 남을 비판하기보다는, 먼저 자신의 가치를 높일 수 있는 활동을 찾아보거나 돈을 많이 벌어 세금을 낼 수 있는 활동에 몰두하는 편이 훨씬 더 생산적인 일이라고 생각한다.

지금까지 세계 각 지역에서 일어난 폭동을 살펴보면, 그 중심에 인터넷이 존재하는 이상, 일본도 사회를 파괴와 혼란으로 빠뜨릴 수 있는 활동이 일어나지 않는다고는 장담할 수 없을 것이다. 그렇지만 그런 일들은 일어나서는 안 된다.

---

12 스스로 불을 지르고 끄는 행위로, 자기가 일을 만들고 처리하는 행위를 비유하는 표현.

일본인이 서로 싸우고 다투게 된다면, 도쿠가와(德川) 시대
와 전혀 다를 바 없는 이야기가 되어 버린다. 우리가 해야
할 일은 질서 있는 인터넷 사회를 세계에서도 선구적으로
실현하는 일이다. 또 다양한 논쟁거리와 문제점이 발생한다
고 하더라도, 조금이라도 더 일본 사회의 개선에 기여하겠
다는 인터넷 이용자의 확고한 의지를 확립시키는 일이다.

설령 인터넷이 바보들이나 한가한 사람들의 전유물이었
다고 하더라도, 그들과 크게 다를 바 없는 우리가 같은 시대
를 일본인으로서 살아가고 있는 것이 현실인 이상, 앞으로
인터넷을 어떻게 사용해야 할 것인지에 대해 곰곰이 생각해
야 할 때가 왔다고 생각한다. 그것은 이상적인 웹 사회에 대
해 우메다 모치오(梅田望夫, 1960~)[13]가 갈파한 『웹 진화론』이
나, 반대로 그가 '유감스러운 웹'이라며 실망감을 감추지 못
한 일본 웹의 실태와는 별도로, 언제나 평정심을 잃지 않고
마주할 수 있는 웹 세계관을 구축하는 일이다. 기대도 하지
않고 실망도 하지 않는다. 이상을 내걸지도 않는다. 오로지
현실 속의 우리와 인터넷을 통해 마주할 수 있는 사상이야
말로, 지금의 일본에 필요한 장치가 아닐까 한다.

이와 함께 하나의 당파성을 구축할 수 있고, 넷우익의

---

13 미국에서 활동 중인 IT기업 경영 컨설턴트로, 뮤즈 어소시에이트(MUSE
Associates, LLC)의 사장이다.

정의와 활동 규범을 제시할 수 있을 만큼 사상적으로 통일된 견해가 필요한 것도 사실이다. 그 내용이 정교한 것이든 치졸한 것이든 간에, 그들 넷우익이 어떤 형태로든 정치적 활동에 헌신하려는 강한 의욕을 갖고 있는 것은 확실하다. 그것이 생산적인 방향으로 발전하여 일본 사회의 활력이 되고, 또 나아가서 사회를 개혁할 수 있는 초석이 될 수만 있다면, 얼마든지 활용할 수 있다고 생각한다.

다만 현실적으로 각 나라에서 전개되고 있는 넷우익 관련 활동을 보면, 기존의 사회 질서를 파괴하는 데는 능숙하지만, 생산적인 방향으로 논의를 취합해 가면서 장기간에 걸쳐 성과가 나타날 때까지 정책을 관심 있게 지켜보려는 노력과 인내는 매우 부족해 보인다. 오히려 인터넷으로 정보가 확산될수록, 정서 불안과 부정수소(不定愁訴)에 시달리는 사람들이 경거망동하거나 공격적인 발언을 일삼는 일이 늘어나는 경향을 보인다. 이것 또한 하나의 슬픈 현실이기도 하다.

인터넷 세계에서는 인터넷에 푹 빠져 버린 사람일수록 목소리가 크다. 또한 인터넷에 빠지기 쉬운 사람은 원래가 무능하고 한가로운 사람이다.

이와 같은 딜레마가 해결되지 않는 한, 인터넷을 사회 변혁에 필요한 양질의 도구로 활용하기란 불가능에 가깝다. 지금 현재 우리가 마주하고 있는 인터넷 사회란, 우리가 앞으로 해결해야 할 마음의 동요 그 자체인 것이다.

제3장

미디어의 반일 음모론
- 과민반응이다, 미디어에는 그런 활력이 없다

나카가와 준이치로中川淳一郎

꼬리표 달기에 성공한
'애국자들'

미리 말해 두지만, 나는 넷우익을 독자로 생각하고 이 원고를 쓸 생각은 조금도 없다. 왜냐하면 내가 지금부터 써 나갈 내용은 모든 것이 그들의 입장에서는 거짓이기 때문 이다. 미디어 현장에서 펼쳐지는 실제 상황이나 기획의 결 정 방식 등을 아무리 생생하게 전달한다고 하더라도, 그들 의 생각과 다르면 '반일 매스고미(マスゴミ)와 덴쓰(電通)에 의한 인상 조작(印象操作)'[1]이라는 비난을 면치 못할 것이 뻔

---

1 '매스고미'는 일본에서 매스컴을 야유하는 표현이다. '고미'는 '쓰레기'를 의 미한다. 이하에서는 '매스고미' 또는 '쓰레기 매스컴'으로 표기했다. '덴쓰' 는 일본의 대표적 광고 대리점이다. '인상 조작'이란 시청자에게 일방적인

하다. 그렇기 때문에 여기에서 굳이 그들을 향해 '제발 눈을 떠라!'라고 호소하고 싶은 마음은 털끝만큼도 없다. 어차피 받아들일 생각조차도 없을 테니까 말이다.

그러나 독자들은 이렇게 상업적 출판 형태로 나와 있는 내용과 인터넷에 올라와 있는 이른바 그들이 말하는 '진실' 중에서, 어느 쪽을 믿을 것인지 선택할 자유가 있다. 다만 나는 여기에서는 매스컴 현장에 대해서만 말해 볼까 한다. 그렇다고 해서 내가 일자리를 잃는 것도 아니기 때문에 아무런 거리낌 없이 당당하게 써 나갈 생각이다.

또 이 책에서는 '넷우익'이나 '네토우요(ネトウヨ)'²라는 표현을 주로 사용하고 있지만, 나는 이들을 '애국자'라고 부르겠다. '네토우요'는 꼬리표 달기식의 '차별 용어'라는 것이 그들의 주장이기 때문이다. 이에 비해 '애국자'는 아직 그들이 차별 용어로 인식하고 있지 않다. 따라서 여기에서는 '애국자'라는 말을 사용하기로 하겠다.

그러나 그들이 이 책의 공동 저자인 야스다와 야마모토 그리고 나를 재일 한국인 취급하고 또 '어떤 세력으로부터

정보만 제공함으로써 판단을 흐리게 하고, 이를 통해 결과를 생각한 대로 만들어 가는 것을 말한다.

2 일본에서 '네토우요'는 '넷우익'의 약칭으로 쓰인다. 이 번역서에서는 양자를 구별하지 않고 '넷우익'이라고 표현했다.

돈을 받고 반일 활동을 하고 있다'는 꼬리표를 붙인 점에 대해서는 반론할 권리가 있다고 생각한다.

물론 우리는 그와 같은 활동을 한 사실이 없으며, 돈 또한 받은 일이 없다. 그들은 아마도 이 책에 대해서도 음모론을 펼칠 것이다. 즉 어떤 세력에게 거액의 돈을 받은 다카라지마사(宝島社)가 세 사람의 반일 저술 활동가를 선별해서, 각각의 공작 활동이 적극적으로 추진될 수 있도록 공저로 만들었다고 주장할 것이다. 그러나 만약 이러한 주장이 나온다면 그것은 망상에 불과하다. 3인 공저가 된 이유는 단순히 세 사람 모두가 바빴기 때문이다. 또 한 가지 이유를 들자면, 내가 야마모토나 야스다와 언젠가는 함께 일을 해보고 싶다는 생각을 갖고 있었기 때문이다. 담당 편집자에게 부탁해서 두 사람에게 그 뜻을 전달한 결과 일이 성사된 것뿐이다.

현재 나에 관한 그릇된 정보는 인터넷상에 널리 퍼져 있다. 구글 검색에서 '나카가와 준이치로(中川淳一郎)'라고 치면 자동 완성 검색어에 '재일(在日)'이라고 나온다. 자동 완성 검색어에 바로 나올 수 있게 되었다는 것은 그만큼 '애국자'들의 망상이 훌륭하게 집약되었다는 것을 의미한다. 정말 대단한 노력의 결정체라고 하지 않을 수 없다. 그 결과 어쨌든 나에게도 기묘한 꼬리표가 붙어버린 셈이지만, 나는 별로 상관하지 않는다.

그렇지만 나는 여러 가지 면에서 번잡스럽기 때문에 그들이 '꼬리표 달기다!'라고 분노하는 호칭인 '네토우요'를 여기에서는 사용하지 않으려고 한다. 반복하지만 '애국자'라는 표현을 사용할 것이다. 단, 작은따옴표('')를 붙여서 사용할 생각이다. 그 이유는 그들이 진정한 의미에서의 애국자가 아니라 단순히 한국과 재일 코리안을 싫어하는 사람들이기 때문이다. 진정한 애국자들에게는 정말로 폐가 되는 일이 아닐 수 없다.

내가 반일로
취급당하는 '이유'

우선 나 자신의 경력부터 소개해 보기로 하겠다. 나는 1997년에 광고업계 2위의 하쿠호도(博報堂)[3]에 입사하여, 코퍼레이트 커뮤니케이션(corporate communication)국에서 기업 홍보 부서의 홍보 업무를 지원하는 역할을 맡았다. 이벤트와 기자 회견을 담당하는 한편, 기업 관련의 화제를 기사화하는 작업에도 관여했다. 그리고 2001년에 퇴사한 이후에는

---

3 덴쓰에 이은 일본의 대표적인 광고 대리점.

잠시 직업 없이 지내기도 했지만, 곧 자유 기고가로서 잡지와 신문 등에 많은 기사를 투고해 왔다. 특히 잡지 『TV 브로스(テレビブロス, TV Bros)』에는 다수의 특집 기사를 게재했다. 예를 들면 '독신자 냄비 요리 특집', '다미야 지로(田宮二郎, 1935~1978)[4] 특집', '이치카와 라이조(市川雷蔵, 1931~1969)[5] 특집', '라면 특집', '자위대 특집' 등이 바로 그것이다. 2006년부터는 인터넷 뉴스의 편집자로서 다수의 뉴스 사이트에서 일을 해 왔다. 또 그러는 사이에도 TV 방송국의 인물을 취재하거나 TV에 직접 출연하는 등 인터넷뿐만 아니라 매스 미디어에 종사하는 사람들과 함께 수많은 작업을 해 왔다. 그렇기 때문에 다양한 정보를 입수할 수 있는 위치에 있는 것이 바로 지금의 나라고 할 수 있다.

그러면 다음으로 '애국자'들과는 어떠한 관계에 있는지에 대해서 말해 보도록 하겠다. 처음에는 그들에 대해 '당신들은 너무 외골수 아닌가?'라는 의문을 트위터 등에 올린 적이 있는데, 물론 그때마다 반발을 산 것은 사실이다. 그런데 실은 2채널에서 커다란 화제를 불러일으킨 사건이 있었다. 그것은 2011년 8월 21일에 일어난 반후지TV 데모와 관

---

4 일본의 배우 겸 사회자.

5 8대 째 이치카와 라이조. 출생 당시의 이름은 가메자키 아키오(亀崎章雄). 가부키 배우.

련하여, 『아사히신문(朝日新聞)』의 취재에 응해 다음과 같은
코멘트를 게재했을 때의 일이다.

> 한류 소프트는 저렴하고 시청률도 그런대로 만족스럽다. 방
> 송국은 경제적 합리성의 논리에서 움직이고 있을 뿐이다. '편
> 향적'이라고 비판하기 전에 인터넷상의 유리한 정보만을 믿는
> 자신들이 더 편향적인 것은 아닌지 자문해 봤으면 한다. 울분
> 에 빠져 행동하고 있는 것이겠지만, 결국에는 심심풀이로 한
> 국을 싫어하는 사람들로밖에는 보이지 않는다.

이때 2채널에서는 상당수의 댓글이 들끓어 오르면서 나
에 대한 매도가 시작되었다. 나와 함께 반후지TV 데모를
취재한 저널리스트 쓰다 다이스케도, 현장의 분위기를 트위
터에 올렸다가 '애국자'들로부터 분노 섞인 댓글 공격을 받
았다. 2채널에는 살인을 예고하는 댓글까지 올라왔다. 그
후 쓰다와 나는 「주간 후지방송 비평」이라는 프로에 해설자
로 출연했다. 그러자 '그놈들은 후지TV로부터 돈을 받아서
반일 공작을 하고 있다'는 소문까지 나돌기 시작했다.

나와 쓰다는 "1,000만 엔 정도 받는다면야 후지TV가 하
라는 대로 할 수도 있겠지만, 출연료 5만 엔에 그런 일까지
할 수는 없는 것 아닙니까?" "그러게 말입니다"라는 말을
나누기도 했다.

내가 출연했을 때의 주제는 '인터넷에서 바라본 혐오스
러운 TV 방송의 모습'이었다. 정말 자학적인 주제지만, 프
로듀서 A 씨는 후지TV에서도 인터넷에 대한 이해가 깊은
사람이다. 일찍부터 트위터를 사용해 왔고, 반후지TV 데모
에 대해서도 두려워하거나 화를 내는 일이 없었다. 「주간
후지방송 비평」 자체는 방송국이 공정한 보도를 하고 있는
지를 검증하는 프로그램이고, 해설자도 특별히 후지방송을
응원할 필요는 없다. A 씨는 사전 협의 단계에서 "방송 금
지 용어는 사용하지 말아 주십시오. 그 밖에 특별히 조심해
야 할 점은 없습니다"라고 말했다.

후지TV에 음모는
있는 것일까?

실제로 방송에 출연했을 때 나는 약간 인터넷 편에 서서
발언을 했다. "인터넷상에는 TV를 싫어하는 이유에 대해서
다음과 같은 의견이 있습니다"라고 말했다.

① 출연자가 너무 많아서 자신이 어떻게 하면 돋보일 수
  있을까에 대해서만 생각한다.

② 한국에 관한 화젯거리가 너무 많아서 편향된 느낌이
든다.

③ 유튜브 등 동영상 투고 사이트의 화제 영상을 그대로
방영하는 것은 문제가 있어 보인다.

④ "잠시 후!" 등의 말로 시청자의 기대를 잔뜩 부풀려
놓고는 광고를 내보낸다.

이것은 나의 의견이 아니라, 당시 인터넷상에 많이 올라
와 있던 TV에 대한 불만 댓글의 주요 내용이다. 그들의 불
만에 찬 목소리를 공중파를 통해 대변한 것이다. 데모가 일
어난 지 3개월이 지난 시점이었지만 후지TV를 향한 공격은
수그러들지 않았고, 오히려 단골 광고주인 가오에 대한 데
모로까지 발전해 가는 상황이었다. 또 후지TV에 대한 데모
도 전국 각지로 퍼져 나가는 단계였다.

실은 사전 협의 때는 반후지TV 데모에 대해서 언급할
것인지를 놓고 다소 이견이 있었다. A 씨는 데모에 대해 나
중에 별개의 테마로 삼아도 무방하다고 생각하는 것 같았
다. 그래서 "이번에는 그냥 '인터넷에서 바라본 혐오스러운
TV 방송의 모습'으로 갑시다"라는 쪽으로 의견이 모이게
되었다. 그러나 나는 "데모에 대해 전혀 거론하지 않는 것
은 부자연스럽습니다. TV를 보면서 트위터나 2채널로 실황

을 중계하는 사람도 많을 것으로 생각하기 때문에 그들에게 주제를 제대로 다루고 있다는 인상을 주는 편이 공정하고 좋을 것 같습니다. 기분을 풀어 주는 효과도 있을 겁니다" 라고 말했다.

A 씨도 양해를 해 주었기 때문에 본래의 주제는 아니지만 데모에 대해서도 어느 정도 다룰 수 있게 되었다. 프로에서 나는 "지난여름에 있었던 반후지TV 데모는 과거와 달라진 후지TV의 모습에 대해 항의하는 의미도 있었다고 생각합니다"라고 지적했다. 그때 2채널에서는 "후지방송국 데모 얘기가 나왔다……"라고 하면서 좋아하는 사람들이 많았던 것 같다.

이상과 같은 자기 검증 프로의 제작 과정을 놓고 볼 때, 나는 후지TV 내에 한국을 편들기 위한 모종의 음모가 있다고는 생각하지 않는다. 프로듀서나 디렉터와 협의하는 과정에서도 한국을 띄워 달라는 식의 의뢰는 없었다. 그들도 한국 편들기를 강요하는 압력의 존재에 대해서는 이를 명확하게 부정했다. "그런 세세한 것까지 신경 쓰다가는 프로를 만들 수가 없습니다"라고 하면서 쓴웃음을 지어 보였다.

집요한 '반일 공작 활동 인정'

그 후 후지TV의 생활 관련 정보 프로인 「시리타가리(知
りたがり, 알고 싶다)」에도 출연했다. 그때 당시의 테마는 '스
테마(ステマ)' 즉 스텔스 마케팅(stealth marketing)이었다. 마치
기사인 것처럼 포장해 놓고는 실제로는 광고를 하는 행위가
이에 해당한다.

'애국자'들은 후지TV가 한국을 위해 '스테마'를 하고
있다고 끊임없이 증거를 제시하면서 비판한다. 예를 들면
"「사자에상(さざえさん)」이 방영될 때 가쓰오(カツオ)의 방
에 한국 아이돌 그룹 동방신기를 의미하는 알파벳 'DBSK'
가 적혀 있는 4인 그룹의 포스터가 붙어 있었다"라든가 "드
라마 「내일의 빛을 잡아라(明日の光をつかめ) 2」의 슈퍼마
켓 장면에서 'Kara 메일 회원님, 특별 메일 가격 상품'이라
는 전단이 붙어 있었다"라는 식이다. Kara는 한국의 걸그룹
KARA를 의미한다는 것이 그들의 주장이다. '애국자'들은
아마도 '스테마'가 방송 테마라면, '스테마'에 능숙한 후지
TV 사원이 출연자들에게 뇌물을 건네면서 "오늘은 한류 스
타가 얼마나 멋있는지에 대해서 말씀 좀 해 주십시오"라고
부탁하는 등의 물밑작업을 할 것이라고 생각할지도 모르지
만, 그런 일은 전혀 없다.

TV 프로에 출연하는 해설자나 전문가는 방송에 들어가기 전에 디렉터와 만나서 ① 이야기의 내용 ② 구체적인 예 ③ 시청자의 이해를 돕기 위한 플립 차트(Flip Chart) 제작 문제 등 방송의 대략적인 내용에 관해 협의한다. 협의가 끝나면 디렉터는 기본적으로 해설자와 전문가의 의견을 바탕으로 제작 회사에 플립을 발주하는 등의 과정을 거치게 된다. 그리고 이러한 과정이 일단락된 후에 비로소 본방송에 들어가는 것이다. 이때도 디렉터는 한국을 밀어달라는 등의 말은 전혀 하지 않았다. 어쩌면 그것은 우연이라고 말할지도 모르겠지만, 나는 누가 증언하더라도 동일한 대답이 돌아올 것이라고 확신한다. 기본적으로 사전에 출연자가 듣는 말이라고는 '방송의 흐름을 놓치지 말 것', '전날 협의에서 정해진 누구나 알기 쉬운 내용을 이야기할 것', '방송 금지 용어는 사용하지 말 것' 등의 내용뿐이다.

'애국자'들이 후지TV의 '반일' 행위를 폭로하기 위한 증거로 제시하는 또 다른 대표적인 예를 하나 들어 보겠다. 피겨스케이팅에서 안도 미키(安藤美姫)와 아사다 마오(浅田真央)가 우승했을 때는 국가 제창을 방송에 내보내지 않았는데, 오히려 한국의 김연아가 우승했을 때는 내보냈다는 것이 바로 그것이다. 그 밖에도 '애국자'들은 여러 가지 반일 공작 활동에 대해 지적하고 있지만, 상당 부분에서 억지스러운 면이 있는 것도 사실이다. 실제로 제작 현장에서는 상부의 의향을 일일이 신경 쓰면서 세세한 부분까지 반영시킬 만한 여유가 없다. 대부분은 현장에 맡기고 있다. 상부나 정부의 의향 이전에 현장에서 출연자가 불쾌감을 느끼지 않도록 신경을 쓰고 또 스폰서를 배려하는 내용이 되도록 하는 것이 무엇보다도 중요하다.

추측하건대 「사자에상」의 경우는 제작자가 동방신기의 팬이었기 때문에 일어난 일종의 해프닝이었을 것이다. 'Kara 메일'의 경우도, 로케 장소인 슈퍼마켓에 붙어 있던 전단을 그대로 방치한 채, 드라마를 찍은 결과 우연히 방송에 나오게 된 것으로 생각한다. 이것을 반일이라고 한다면 슈퍼마켓이야말로 반일인 셈이다. 피켜 건은 단순히 시간이 촉박해서 벌어진 일이라고 생각된다. 아니 일부러 안 내보냈다고 치자. 그렇지만 지금까지 후지TV는 수백 번이나 일본의 국가 제창 장면을 방영해 왔다. 몇 번 방영하지 않았다고 해서 그것을 특별히 문제 삼을 필요가 있는 것일까? 일본의 축구 대표가 승리하거나 올림픽 대표 선수가 메달을 획득했을 때도, 온 스튜디오가 들썩일 정도로 기뻐하고 승리감에 도취된 모습을 보여 주었다. '메달 수여식과 선수들의 위닝 런(winning run)을 방영하지 않았다! 반일이다!'라고 비판받았던 2011년의 여자 월드컵 축구 결승은 연장전을 거쳐 PK 승부로 이어지면서 방송이 장시간 연장되었기 때문에 중계를 도중에 중단할 수밖에 없었던 것이다.

'애국자'의 행동 기준

'그렇지 않다. 후지TV는 반일이다. 자신들 입장에서는 하나도 기쁠 것이 없기 때문에 방영하지 않는 것이다'라고 주장할지도 모르겠다. 그러나 시청자의 마음을 상하게 하는 행위를 그것도 일부러 할 이유는 없을 것이다. 스폰서의 광고도 내보내야 하고, 아마도 여러 가지로 고심한 끝에 내린 결단이었을 것이다. 중계방송이 종료된 후에 곧바로 이어서 방영된 아침 정보 프로「메자마시 TV(めざましテレビ, 자명종 TV)」에서는 후지TV 직원을 비롯한 모든 출연자가 아주 기뻐하는 모습을 보여 주었다. 그러나 '애국자'들은 시합 장면을 몇 번씩이나 방송하고 그 위업을 칭송한 것에 대해서 속임수라며 무시하는 태도를 보였다.

그것은 그렇다 치더라도, 메달 수여식 장면을 보여 주지 않은 것에 대해 축구 팬이 클레임을 거는 것은 이해가 되지만, '반일'로까지 규정해 버리는 것은 지나친 논리적 비약이 아닐 수 없다. 그렇게까지 해서라도 반일 활동의 증거를 찾아내려고 애를 쓰는 그 모습에서, 성실하게 노력하는 아름다운 일본인의 모습을 발견할 수 있는 것은 아닐까(웃음)?

　나데시코 재팬[6] 때와 같은 일은 2006년 월드 베이스볼 클래식(WBC) 결승전에서도 일어났다. 결승전은 팽팽한 긴장감 속에서 진행되는 가운데 투수 교체도 빈번해서, 자연히 경기 시간이 지연되었다. 보통 시합 시간은 3시간 이하인 경우가 많은데, 이 시합은 3시간 40분이나 걸렸다. 결국 이때도 왕정치(王貞治, 일본 이름은 오 사다하루) 감독이 트로피를 들어 올리고 선수들이 환호하는 모습은 보여 주지 못한 채, 다음 프로를 방영했다. 아마 당시에도 방송국에는 항의가 쇄도했을 것으로 추측되지만, 이 또한 귀중한 전파를 효율적으로 사용하기 위해서 고심 끝에 내린 결단이었을 것이다. 현재 인터넷상에는 "2006년 WBC 결승전 때 시상식을 방영하지 않았다. 그러니까 반일이다"라는 목소리는 존재하지 않는다. 그 이유는 이 시합을 중계한 것이 니혼TV였기 때문이다. '애국자'들은 후지TV와 NHK, TBS와 TV아사히를 반일 방송국의 4대 천왕으로 꼽는다. 따라서 그들의 입장에서는 자연히 '애국 TV 방송국'이 필요한 상황이다. 이때 후보로 이름을 올리는 것이 바로 니혼TV와 TV도쿄다. 그렇지만 TV도쿄와 니혼TV도 과거에는 여러 편의 한류 드라마를 방영한 것 또한 사실이다.

6　일본 여자 축구 대표에 대한 애칭.

여기에서 주목해야 할 부분은 '애국자'들의 행동 기준이다. 그들은 '후지TV는 반일'이라는 결론을 미리 내린 상태에서 이에 합치되는 증거나 증거로 써먹을 만한 것들을 찾아내서 제시하는 방식을 취한다. 이와 같은 활동을 착실하게 지속함으로써 인터넷상의 정보만을 신뢰하는 성향의 순진한 사람들을 세뇌시킨다. 그리하여 이들을 새로운 '애국자'로 만들어 가고 있는 것이다.

그들은 항상 "인터넷에서 처음 알았습니다!"라고 말한다. 그러나 정말로 반일 여부를 조사해 볼 생각이 있다면, 자신에게 유리한 정보만을 찾아내서는 "또 다른 정보 발견!"이라고 소리칠 것이 아니라, 다음과 같은 것에 대해서도 조사해 보면 어떨까? 일주일 동안 하드디스크에 녹화라도 해 두면 반일인지 아닌지는 금방 검증할 수 있을 것이다. 예를 들면 후지TV 프로에 등장하는 일식, 중식, 한식, 이탈리아식의 비율을 비교해 보는 것도 좋은 방법이 아닐까 싶다.

반면에 다른 한편으로는 수상한 점도 있다. 후지TV가 2011년 가을에 방영한 드라마 「그래도 살아간다(それでも、生きていく)」에서는 잡지 『FRIDAY』를 모티브로 한 것으로 보이는 잡지 『MONDAY』가 소도구로 등장한 적이 있다. 그런데 이 잡지의 표지에 적혀 있는 'JAP18'은 너무나도 부자연

스럽다. 한국에서 '18'은 속어로 '성교'를 의미한다고 한다. 이와 관련하여 누군가로부터 'JAP18'은 'AKB48'을 모방한 것으로 보이며 결국에는 '일본 FUCK!'를 의미하는 것이 아니냐는 지적을 받았는데, 나도 여기에는 어떤 묘한 의도가 있다고 느끼고 있다. 솔직히 이런 식의 표현은 멍청한 짓이라고 생각한다. 이 부분에 대해서는 나도 '반일'이라고 인정하는 입장이다.

한국을 밀어주라는
명령 따위는 없다

나는 지금까지 15년 동안 TV, 신문, 잡지, 라디오, 광고, 인터넷 뉴스 등 이른바 매스컴 계통의 일을 계속해 왔다. 그렇지만 단 한 번도 '한국 밀어주기'를 하라는 요구나 부탁을 받은 적이 없다. 대략 지금까지 참여했던 기획은 1천 편, 편집한 기사는 5만 편이 넘을 것으로 생각되는데, 그동안 상부로부터 받은 명령은 한 번도 없었다.

오히려 2004년 10월, 잡지 『TV 브로스』에 가부키 배우 '이치카와 라이조 특집'을 게재한 일이 있는데, 이것은 장장 16페이지에 걸쳐 이치카와 라이조를 집중적으로 다룬 엄청난 '일본 밀어주기'였다. 특집의 리드 기사에서는 당시 선풍적인 인기몰이를 하고 있던 한국 배우 배용준을 '아줌마 얼굴', '돼지'라고 조롱하며, '우리에게는 욘사마 따위보다 라이사마가 있다!'라고 썼다.

　미디어의 기획 과정은 보통 일반인들이 생각하는 것과는 달리 대충 적당히 진행되는 측면이 있다. 그런 사례 가운데서도 가장 기억에 남는 것은 한 잡지에 게재했던 '개구리 특집'이다. 이전부터 나는 개구리 캐릭터를 좋아한다고 공언하곤 했다. 그러던 어느 날 비가 내리는 길을 함께 걷던 편집장이 "아, 그렇지!"라며 갑자기 말을 꺼냈다. 이어진 당시의 대화를 재현해 보면 다음과 같다.

　"나카가와 씨, 개구리를 좋아한다고 하셨지요?"

　"네, 좋아합니다."

　"오늘 마침 비가 내려서 드리는 말씀입니다만, 장마철이 되면 비가 더 내릴 텐데 '개구리 특집'이라도 하나 만들어 보면 어떻겠습니까?"

　"좋은 생각입니다. 한번 해 봅시다."

　이와 같은 식으로 대충 정해지는 것이다. 어떤 때는 잡지에 광고 의뢰가 들어온 것을 계기로, 그와 관련된 특집 기사를 작성하는 일도 있다. 과거에 내가 작성한 것으로는 「북두의 권(北斗の拳)」 특집(애니메이션 「북두의 권」의 DVD 광고 의뢰가 들어온 것을 계기로 작성한 특집)'과 '칼(カール) 특집(메이

지 제과가 스낵 과자 '칼'의 광고를 의뢰한 것을 계기로 작성한 특집)'
등이 있다.

그렇기 때문에 한국 정부가 관광객 유치를 목적으로 광
고를 의뢰해 올 경우에는, 한국에 관한 특집을 만들게 될지
도 모른다. 그러나 광고가 없는 경우에는 편집자가 특별히
흥미를 갖지 않는 한 특집을 만드는 일은 없다. 상대가 누
구든 간에 광고주를 우대하는 것이 미디어 측의 논리인 것
이다.

광고와 관련해서는 다음과 같은 일도 있었다. 저널리스
트 기무라 다로(木村太郎)는 후지TV의 정보 프로인 『Mr. 선
데이』에서 한국 정부의 '국가 브랜드 위원회'가 일본에서
광고 대리점을 통해 유튜브 등의 동영상 재생 횟수를 늘리
고 있다고 발언했다. 그러자 당시 인터넷상에서는 "진실을
말하다니, 대단하다!"라는 찬사가 쏟아졌다. 그러나 한국의
국가 브랜드 위원회는 후지TV 측에 특정 영상에 대해서 재
생을 유도한 사실이 없다고 이의를 제기했고, 그 결과 후지
TV는 나중에 이를 정정할 수밖에 없었다. 뉴스캐스터 미야
네 세이지(宮根誠司)와 다키가와 크리스텔(滝川 Christel)은 기
무라의 발언은 '한국은 정부 차원에서도 K-POP 등의 보급
에 노력하고 있다고 말하려는 의도였다'라고 해설했다. 이
렇게 되자 인터넷상에서는 기무라가 이 발언으로 바닥이 드

러났다는 설이 나돌기도 했고, '더 이상 한국에 대해 나쁘게 말할 수 없다'는 논조도 일어났다.

그렇게도 한국이라는 나라는 두려운 존재란 말인가? 또 한국에서 거액의 자금이 흘러들어 가고 있다는 덴쓰는 정말로 일본을 지배하고 있는 것일까? 나는 그동안 '애국자'들이 박수갈채를 보낼 만한, 혐한을 선동하는 듯한 인터넷 뉴스 기사를 의도적으로 마구 편집해 왔지만, 그렇다고 해서 한국 정부나 대사관으로부터 항의를 받은 적은 없다. 왠지 모르게 불쾌한 느낌이 드는 덴쓰에 대해서도 때때로 트위터를 통해 비방하는 글을 올리기는 하지만, 딱히 덴쓰로부터도 압력을 받은 일은 없다.

한편 여기에서 보다 근본적으로 숙고해 보고 싶은 문제는 매스컴에 입사하는 사람들의 특징이다. 인터넷에서는 '매스고미에 들어가는 인간들의 절반은 재일 한국·조선인 아니면 한국인'이라는 소문이 만연해 있다. 그러나 덴쓰나 각 TV 방송국은 물론 내가 일하던 하쿠호도도 실제로는 대기업이나 정관계의 고위층 자제 등이 연줄을 이용해서 입사하는 경우가 많다. 확실한 수치는 모르겠으나 대략 30~50% 정도에 이를 것으로 생각된다.

나는 일반 채용 기간에 앞서 대학 재학 중에 채용이 내정되는 이른바 '아오타가이(青田買い)'라는 제도를 통해 입

사가 결정된 케이스였다. 요즘은 인턴이라는 제도를 통해 우수한 학생을 채용하는 일도 늘어나고 있는데, 이것도 일종의 아오타가이인 셈이다. 다만 내가 학생이었을 때에는 그것이 다소 노골적이어서 '지정교 제도(指定校制度)'라는 것이 있었다.

1997년 하쿠호도의 종합직 입사 동기는 모두 66명이었는데, 내가 다니던 히토쓰바시대학(一橋大学)에서는 5명이 내정되었다. 그리고 5명 중에서 4명이 같은 시기에 내정된 것을 보면 아마 그들도 아오타가이였을 것으로 추측한다. 면접에서는 '한국인인가?', '한국을 좋아하는가?' 등과 같은 질문은 나오지 않았다. 나는 초지일관 좋아하는 프로레슬링 이야기만 했다. 그것으로 내정된 셈이다. 인생이란 무엇이 행운으로 작용하는지 알 수가 없다.

아오타가이 내정자가 정해진 후에 일반 채용이 시작된다. 연줄을 통한 입사는 어디에서 어떻게 결정되는지 모르겠다. 10월 1일에 내정식이 있었는데, 그곳에 모인 동기들은 모두 이른바 '리아주(リア充, 현실에 충실한 사람을 의미하는 인터넷 용어)'뿐이었다. 연회의 분위기도 좋았고 양복 차림의 옷매무새도 깔끔했다. 한마디로 가정환경이 좋고 즐기는 데 익숙한 인물이 많았다. 이러한 성향의 사람들이 매스컴 업계에는 많다.

매스컴은 유행에 편승해
승부를 걸려고 할 뿐

매스컴 업계에 연줄을 통해 입사한 사원이 많은 이유는 그들을 인질처럼 끌어안고 있으면 광고를 따낼 가능성이 있기 때문이다. 그리고 그런 광고주는 일본에서도 손꼽을 만한 유명한 대기업이자 일본의 발전에 공헌해 온 사람들이다. 그럼에도 불구하고 '애국자'들은 도대체 왜 '매스고미의 절반은 재일이며, 그들은 반일 선전을 일삼는다'는 논리를 확산시키고 있는 것일까? 대기업 관계자들은 일본 국민들에게 질 좋은 상품을 판매함으로써, 생활을 향상시키고 회사를 발전시키는 데 기여해 왔다. 그런 그들이 굳이 반일 공작을 할 필요가 있는 것인지, 아무리 생각해도 납득이 가지 않는다.

하쿠호도 사내에도 가끔 한국 이름을 가진 사람이 있었다. 그러나 그 비율이 타사와 얼마나 다른지는 모른다. 유명 브랜드 업계나 IT 기업에도 한국 이름을 가진 사람은 있다. 물론 미국인도 있었고 동기 중에는 인도인도 있었다. 인사 과정에서 의도적으로 한국인·재일 코리안을 적극적으로 채용하는 일은 전혀 없다. 이에 대해서 '하쿠호도는 덴쓰와는

다르다'고 말할지도 모르겠지만, 근무해 본 적도 없는 사람
들이 할 소리는 아니다. 제멋대로 상상하고 단정해서는 곤
란하다. 덴쓰에 근무하는 지인에게 물어봐도, "아니요, 일
본인들만 있습니다. 채용할 때도 한국인인지를 묻거나 한류
를 좋아하는지를 묻는 일은 없습니다"라는 대답이 돌아올
뿐이다.

　광고 대리점은 그것이 덴쓰든 하쿠호도든 ADK[7]든 간에,
기본적으로는 돈벌이를 하고 있을 뿐이다. 따라서 여기에
일정한 사상성이 있을 리 만무하다. 솔직히 말해서 야비하
고 치사하다. 유행할 조짐이 보이는 것이 있으면 그것에 편
승하고, 또 그것이 본격적으로 유행하면 그 틈을 타서 더 많
이 벌어들이려고 한다. 예를 하나 들어 보자. 2000년대 중반
에 코미디 붐이 일어나 연예계를 석권하자, 개그 프로가 난
립하면서 DVD가 엄청나게 팔렸다. 광고에도 개그맨이 대
거 등장했고, 기업의 기자 회견에도 연예인이 등장하기 일
쑤였다. 그러나 2010년에 「오락의 신(エンタの神様)」, 「더 이
로모네아(ザ·イロモネア)」, 「폭소! 레드 카펫(爆笑！レッドカー
ペット)」이 잇달아 종료되면서 코미디 붐은 막을 내렸다. 과
거에 만담이나 프로레슬링 붐이 일어났을 때도 그랬던 것처

---

7 광고 대리점 ASATSU-DK.

럼, 무언가 유행하게 되면 각 방송사들은 앞을 다투어 유행을 따라가는 모습을 보인다. 이와 같은 찰나적인 업무 스타일이 바로 언론사의 전통적인 방식이다.

80점만 받으면 된다

코미디 붐이 사그라질 때 등장한 것이 AKB48[8]과 한류의 과다 노출이다('붐'이라고 하면 '날조'라고들 하니까……). 한국의 연예계 사정에 밝은 작가의 말에 따르면, KARA나 소녀시대 등 한국의 걸그룹이 최근에 일본에서 붐을 일으킨 데는, 어느 잡지에 실린 특집이 계기가 되었다고 한다. 작가는 다음과 같이 말했다.

"'한국 걸그룹 속속 등장'과 같은 특집을 실었는데, 예상보다 엽서를 통한 독자들의 반응이 좋았던 겁니다. 평판이 좋으면 포맷을 살짝 바꾸어 동일한 테마를 다시 한 번 특집으로 내보내는 것이 잡지의 일반적인 속성입니다. 그리고 다른 잡지가 이를 따라서 하게 되면, 이번에는 신문이 '잡지에서 한국 걸그룹 특집 잇따라' 등의 기사를 게재하면서 뒤를 쫓아옵니다. 그러면 그다음에는 TV가 뒤따라오게 되고,

---

8 일본의 여성 아이돌 그룹.

결국에는 붐으로 이어지게 되는 것입니다."

그렇다면 그 잡지의 편집자는 처음에 한국 걸그룹에 관한 특집 기사를 만들 때, 한국 정부나 덴쓰로부터 돈을 받았던 것일까? 그것은 전혀 그렇지 않다. 편집자는 단순히 그냥 좋아서 특집을 마련했다고 한다.

실은 나도 과거에 그 잡지의 특집 기사 기획에 참여해본 일이 있기 때문에, 기획이 어떠한 과정을 거쳐서 이루어지는지에 대해서는 어느 정도 알고 있다. 예를 들면 "요즘 젊은 개그맨 중에는 얼짱이 많은 것 같아!" "그러게, 아! 그러면 말이야 '얼짱 개그맨 랭킹전' 같은 걸 한번 해 보면 어떨까?"라는 식으로, 일단은 특정 시기의 '어떤 일정한 경향성'을 파악한 다음, 그에 알맞은 구체적인 사례를 여기저기에서 찾아내서 끼워 넣는 방법으로 특집을 만들어 간다. 그렇기 때문에 미디어에서 '○○가 붐'이라는 말이 나오게 되면, 대체로 '요즘 내 주위에 ○○한 사람이 많은 것 같은데, 정말로 그런가?'라는 점부터 조사를 시작한다. 그러다가 흔히 있을 법한 '40대 남자들이 20대 여자들에게 인기 있는 시대!' 등과 같은 잡지 기획으로 발전해 가는 것이다. 이때 상부의 의향은 현장에 그다지 반영되지 않으며, 광고의 의향 또한 별로 반영되지 않는다. 오히려 현장에서 일하는 기획 담당자의 취향이 강하게 반영되는 것이 현실이다.

한때 한 신문에는 코믹 마켓(Comic Market)에 관한 화제가 자주 실린 적이 있는데, 그것은 그 신문사에 코믹 마켓에 관심이 많은 기자가 있었기 때문이다(본인한테 직접 들은 이야기다). 한편 매스컴 업무는 시간과의 싸움이다. 여하튼 무사히 방영되고, 인쇄에 제때 들어가는 것이 무엇보다도 우선시된다. 다소 딱딱한 내용의 다큐멘터리나 뉴스 보도 등을 제외하고 '80점'만 받으면 된다고 생각하는 사람이 많다. 그와 같은 상황에서는 현장과 관계가 없는 '정부의 의향'이나 '덴쓰의 억지' 등은 개입할 여지가 없는 것이다.

정부의 PR 활동은
어느 나라에서나 하는 일이다

TV 방송국의 프로듀서나 잡지의 편집장을 제외하면, 현장에서 일하는 사람들의 대부분은 광고 대리점 사람들을 알지 못한다. 스폰서를 만나는 일도 없다. 나의 경험에 비추어 볼 때, 특수한 경우를 제외하면 '눈에 보이지 않는 힘'이 영향력을 발휘하는 일은 없다고 말할 수 있다. 다만 예를 들면 가전제품에 관한 특집을 편성하는 경우라면, 평소에 대량으로 광고를 의뢰해 오는 업체에 대해서는 그 업체의 상품을 기획에 포함하는 정도의 배려는 한다.

    매스컴 관련 기업에 입사하는 사람들은 무언가 재미있
는 일을 해 보고 싶어서 입사하는 경우가 대부분이다. 반일
공작 활동에 매달리는 외골수는 아직까지 본 적이 없다. 물
론 외골수인 사람도 가끔은 보이지만, 그것은 배리어 프리
(barrier free)[9] 문제에 열심인 사람이거나, '정당 PR'을 아주
좋아하는 중년층이거나, '신세대 연구'에 몰두하는 사람인
경우가 대부분이다. 그런 의미에서의 '외골수'다.

    한국 정부가 일본의 매스컴 종사자들을 포섭해서 한국
을 치켜세우는 기사를 쓰게 한다는 설도 있다. 그러나 앞에
서 소개한 그 작가는 "그런 일은 한 번도 없었습니다! 한국
의 엔터테인먼트 관련 취재 업무를 담당하는 일본 매스컴
관계자들을 대상으로, 프레스 투어(press tour)를 실시하고 있
다는 소리는 들었지만, 그런 경우라면 오히려 홍콩이나 타
이완 쪽이 훨씬 더 많을 겁니다"라는 반응을 보였다.

    물론 실제로 정부가 직접 나서서 매스컴에 취재를 부탁
하는 일도 있다. 나도 한 유럽 국가의 관광국 관계자로부터
"항공료와 체재비 일체를 부담할 테니까, 와 주시지 않겠습
니까?"라는 제안을 받은 적이 있다. 나와 같은 사람을 우대
해 주어서, 무척이나 기분이 좋았던 기억이 있다.

---

9 고령자 또는 장애인이 생활하기 편한 도시를 만들기 위해 물리적, 제도적 장
  벽을 제거하는 일.

이상에서 말한 것처럼, 매스컴에 대한 PR 활동은 정도의 차이는 있지만 모든 나라에서 하고 있는 일이다. TV 여행 프로를 보면, 시작할 때 비행기가 하늘을 나는 모습이 등장하고 "○○에 가려면 나리타(成田) 공항에서 주 3회 직항편이 운항되는 ○○항공으로……"와 같은 내레이션이 나오는 것을 들어 본 적이 있을 것이다. 이것도 제휴다.

출연은 사회가 결정한다

2009년 이후 한류 스타가 여러 TV 프로그램에 모습을 드러내게 된 계기에 대해 말해 볼까 한다. 그것은 일본의 유력한 연예 기획사와 제휴했기 때문에 가능한 일이었다. 기획사의 힘은 절대적이어서, 기획사와 결별한 이후 일이 아예 없어져 버린 연예인도 있다. '빅 발언', 즉 기획사와 결별하는 과정에서 자신을 빅스타로 자칭한 것 때문에 매스컴으로부터 건방지다고 집중 공격을 받은 아이돌 출신 가수 다하라 도시히코(田原俊彦), "후지TV는 한국의 방송국인가?"라고 발언한 것이 물의를 일으켜 기획사와 결별한 배우 다카오카 소스케(高岡蒼甫), 남편이 방송 출연 의상의 비용 문제에 지나치게 개입한 것이 원인이 되어서 소속사 사장과 결별한 엔카 가수 고바야시 사치코(小林幸子) 등이 그에 해

당한다. 다카오카에 대해서는 후지TV의 압력 때문에 소속
사가 해고한 것이라는 소문이 인터넷상에서 떠돌기도 했지
만, 그것은 사실과 다르다. 후지TV가 압력을 행사한 일은
없다. 어디까지나 기획사의 자체적인 판단에 따른 것이다.

왜냐하면 기획사의 입장에서 보면 후지TV는 엄청나게
큰 단골 거래처이기 때문이다. 그런 중요한 거래처를 말단
배우에 불과한 다카오카가 공공연하게 비난하고 나섰으니,
기획사의 입장에서도 도저히 용서할 수가 없는 노릇인 것이
다. 이것은 샐러리맨의 세계에서도 마찬가지다.

그러면 한류 스타가 일본의 기획사와 계약하게 된 이야
기로 화제를 되돌려 보자. 당시 일본의 TV 프로그램은 남성
그룹으로는 쟈니스(Johnny's)[10], 여성 그룹으로는 AKB48이
석권하고 있는 상태였다. 따라서 다른 기획사의 입장에서
는 그 틈을 비집고 들어가려 해도 방법이 없을 뿐만 아니라
신인을 육성할 만한 여유도 없었다. 그때 마침 어렸을 때부
터 엄격한 트레이닝을 거친 한국의 남성·여성 아이돌 그룹
이 찾아왔던 것이다. 기획사로서는 계약을 안 할 수가 없는
상황이었다. 출연 횟수가 많아지는 것에 대해 인터넷에서는

---

10 쟈니스는 1975년에 설립된 일본의 프로덕션 '쟈니스 사무소'의 약칭으로 쓰
  인다. 이 책에서는 쟈니스 소속의 남성 그룹을 통칭하는 용어로 사용하고
  있다.

'억지로 밀어붙인 결과'라고 하지만, 그것은 당연한 것이다.

자기 회사의 상품을 언제 내놓을 것인가? 누구나가 자기 회사의 상품은 팔고 싶어 한다. 일본의 기획사는 돈을 벌기 위해 한류 스타를 출연시킨 것이다. 이유는 그것뿐이다. 또 당연히 경쟁 기획사에서는 매스컴에 대해 '그들에 대해서는 취재를 하지 마라!'는 경고성 메시지를 전달하는 일도 있다. 아무리 한류 스타라 하더라도, 일본의 연예계에서 벌어지는 돈을 벌기 위한 진흙탕 싸움의 한가운데에 서 있는 것이다.

한편 한류 붐이 일어나면, 일본 사람들에게도 일거리가 생긴다. 앞에서 소개한 작가의 이야기는 이렇다.

"우리처럼 한국의 엔터테인먼트를 쫓아다니는 작가들 사이에서는 2010년 3월경까지만 해도 '한국만 쫓아다니다가는 언젠가는 먹고 살기 힘들어질 겁니다'라는 말이 떠돌았습니다. 이미 유행도 끝나고 일도 없어진 상태라서, 이제부터 무엇을 하면서 살아가야 하나……, 고민스러울 정도로 침체되어 있었습니다. 그런데 바로 그때 걸그룹을 시작으로 붐이 일어나서 갑자기 일이 늘어났던 겁니다."

"이때는 기획이고 뭐고 할 것도 없이, 출판사의 영업부가 '이건 팔립니다!'라고 하면서 대충 짠 기획을 가져오면, 다음은 편집부가 GO 사인을 낼지 말지를 결정하기만 하면

되는 정도였습니다. 원래 한국의 엔터테인먼트를 다루는 잡지나 무크(mook)는 쟈니스 같은 유명 그룹을 취재하지 못하는 후발 잡지사가 고육책으로 만든 것입니다. 그런데 실제로 시장의 반응을 살펴보았더니 잘 팔렸던 겁니다. 대략 7,000부 정도 발행한다고 가정했을 때, 70% 이상 팔릴 수 있는 책을 만들어내지 못하면 출판사는 망하게 됩니다. 그런 상황에서 한류를 다룬 책은 1만 부 이상이나 팔렸습니다. 꾸준히 구매하는 고객층이 있었기 때문에 가능한 일입니다. 또 그 덕분에 2010년 이후에도 우리는 일거리를 가질 수 있었습니다. 기획 일을 맡아서 하는 우리 입장에서도, 일본의 아이돌처럼 기획사가 이것저것 시끄럽게 간섭하지 않기 때문에 비교적 자유롭게 일을 할 수가 있어서 즐겁습니다. 한류 잡지나 무크가 존재하는 이유는 어떤 다른 음모가 있어서가 아니라, 일정 부수가 팔려 나가는 덕분에 적자를 보는 일이 없기 때문입니다. 그것뿐입니다.”

이렇게 해서 작가는 일거리를 확보할 수 있었다. 그러나 2010년의 걸그룹 붐에 대해서는 고개를 갸웃거린다.

“어딘지 모르게 그것은 억지로 밀어붙인다는 느낌이었습니다. 광고 대리점이 관여하고 있었다고 생각합니다. 대리점이 재미를 봤는지는 모르겠습니다만, 어쨌든 2010년 가을쯤에 롯폰기(六本木)에서 ‘한일 교류 축제’가 열린 적이 있

136

습니다. 그때 당시 한국의 걸그룹도 참여하고 있는 상황에서 재일 코리안 사회의 한 유력 인사가 인사를 하게 되었고, 그러자 현장에서는 '걸그룹을 후원하고 있다'고 수군대는 소리가 여기저기에서 들려왔습니다. 그렇지만 붐이라는 것이 만들고 싶다고 만들 수 있는 것도 아니고, 더구나 소녀시대나 KARA는 그 나름의 실력을 갖추고 있을 뿐만 아니라 인기몰이를 할 수 있는 잠재력 또한 보유하고 있습니다. 그 점에 대해서는 이론의 여지가 없을 것입니다."

"반면에 남자 아이돌의 경우에는 규제가 많을 뿐만 아니라, TV에도 좀처럼 내보내기 어려운 사정이 있습니다. 쟈니스에게 타격을 줄 수 있다는 점 때문입니다. 그런 점에서 보면, 여성 아이돌은 규제가 없어서 여러 가지 면에서 비교적 활용도가 높습니다. 이것도 2010년에 부자연스러울 정도로 과다 출연이 이루어지게 된 이유 중 하나입니다."

한류 드라마 1편에 1만 엔

그러면 드라마의 경우는 어떠한 상황인지 살펴보도록 하자. 한류 드라마가 너무 많다는 목소리가 인터넷상에서는 매우 컸지만, 여기에는 경제적 합리성이라는 문제가 존재한다. 낮 시간대에 정보 관련 프로를 한 편 만드는 것보다도

훨씬 저렴한 비용으로 프로를 편성할 수 있는 것이다. 제작
위원회 방식을 도입하는 경우도 있고, TV 방영권과 DVD
판권을 포함하는 조건으로 TV 방송국이 DVD 회사와 함께
출자한 다음, 방송이 종료된 후에 착실히 수익을 올리는 형
태의 비즈니스 방식도 있다. 어느 CS 방송[11] 관계자에게 귀
를 의심할 만한 증언을 들은 적도 있다.

"CS 방송의 경우에는 한 편당 1만 엔짜리 한류 드라마
도 있습니다. 한국 측에서도 어쨌든 내보내고 싶으니까 가
격에 대해서는 양보합니다. 또 방송국 입장에서도 값싼 비
용으로 시간을 메울 수 있기 때문에 안성맞춤일 겁니다. 시
청률도 일정 수준은 유지할 수 있으니까요."

곧이곧대로 믿기는 어려운 이야기지만, 그는 정색하면
서 그렇게 말했다. 다른 TV 방송국 관계자의 말에 따르면
"CS 방송이라면 있을 수도 있는 일"이라고 한다. 이 책을
집필하게 되어 재차 확인했을 때도 "1만 엔입니다"라는 이
전과 똑같은 대답이 돌아왔다.

그렇다면 광고에 출연할 연예인은 어떻게 결정하는 것
일까? 한때 KARA나 소녀시대, 동방신기 등이 광고에 자주
출연하던 시기가 있었다. 그때도 인터넷상에서는 '한국 편

---

11 통신 위성(Communication Satellite)을 통해 방송되는 위성 다채널 방송을 말
   한다.

중'이라며 반대하는 목소리가 컸다. 반대하는 사람들이 실제로는 그렇게까지 많지 않을지도 모르지만, 어쨌든 그들이 달아대는 댓글의 양은 무시할 수가 없다. 엄청나게 많은 사람이 반대하고 있는 것처럼 보인다. 여기에서 한 가지 짚고 넘어가야 할 사실은 광고가 무사안일주의 속에서 제작되는 경우도 상당히 많다는 점이다.

'CF의 여왕'이라는 말이 있다. 여러 기업의 광고에 나오는 인기인을 의미하는 말인데, 과거의 여왕을 포함해서 이지마 나오코(飯島直子), 후지와라 노리카(藤原紀香), 마쓰시마 나나코(松嶋菜菜子), 요네쿠라 료코(米倉涼子), 기쿠카와 레이(菊川怜), 히로스에 료코(広末涼子), 고리키 아야메(剛力彩芽), 우에토 아야(上戸彩), 다케이 에미(武井咲) 등을 손꼽을 수 있다. 기쿠가와 레이의 경우에는 전성기에 21개사와 광고 계약을 체결했을 정도다. 2012년에 고리키는 18개사, 다케이는 20개사와 각각 계약했다.

이와 같은 현상이 발생하는 배경에는 기업이 광고라는 거액의 자금이 들어가는 프로모션 시책을 추진하는 경우, 쉽사리 모험을 할 수가 없다는 사정이 있다. 광고 대리점이 연예인을 캐스팅할 때는 복수의 후보자를 광고주에게 추천한다. 예를 들면 '투명감 있는 여배우'라든가 '건강미 넘치는 아이돌' 등과 같이 개성이 있는 여러 색깔의 후보자를 추천하는 것이다. 그러면 광고주는 보통 "그런데 이 연예인들은 인기가 있는 겁니까?"라고 묻는다. 물론 인기가 있기 때문에 추천하는 것인데, 이때 광고주가 중요하게 생각하는 것은 몸값과 출연 빈도다. 이쯤에서 광고주는 "그러면 얼마나 많은 회사의 광고에 나가고 있는 겁니까?"라고 묻는다. 그리고 출연하는 광고가 많으면 많을수록 안심한다. "아! 그렇게나 인기가 많은 사람입니까? 그러면 다들 알아보겠네요. 우리 상품도 PR이 될 거고요"라는 반응을 보이면서 안도하게 되는 것이다.

출연하는 광고가 많으면 이미지가 희석될 우려가 있다고 걱정하는 사람도 있을 테지만, 기본적으로 광고에 등장하는 연예인은 같은 업종의 경우 1개사에만 출연해야 한다는 제약이 있다. 이 때문에 예를 들면 도요타 자동차 광고에 나간 사람은 닛산 자동차 광고에는 나갈 수 없다. 다시 말해서 경합하는 이미지는 발생하지 않기 때문에 별문제가 되지 않는다는 것이다. 오히려 출연 횟수가 적은 연예인을 캐스팅해 놓고서 존재감이 없을지도 모른다고 우려하는 경우가 있다. 그렇기 때문에 돌다리도 두드리고 건너려는 사람이 많은 것이고, 또 그 결과 CF의 여왕이 탄생하게 되는 것이다.

'한국이기 때문에'
문제가 된다

　흔히 인터넷에서는 '기획사의 밀어붙이기'를 비판하는 지적이 나오곤 하는데, 이것은 실력은 미지수인데 방송 출연 횟수가 많은 연예인이 있을 경우, 이를 두고 하는 말이다. 실은 여기에도 속사정이 있다. 하나는 '바타'라고 하는 관행 때문인데, 이것은 '다바(束, 다발, 끼워 팔기)'를 거꾸로 읽어 사용하는 업계의 용어다. 같은 기획사에 소속된 스타급 탤런트를 출연시키는 조건으로, 인지도를 높여 가는 과정에 있는 연예인도 함께 내보내는 것이다. 이 경우, 스타와 함께 출연하는 연예인은 얼마 안 되는 출연료를 받게 된다. 기획사로서는 출연 횟수가 늘어나는 것만으로도 얼굴을 알릴 수 있다고 생각하기 때문에 출연료가 아주 낮아도 전혀 문제 될 것이 없다.

　TBS에서 일요일 아침에 방영되는 「선데이 모닝」 등은 '바타'가 이루어지는 전형적인 프로그램이다. 대표 MC인 세키구치 히로시(関口宏)는 산케이(三桂)라는 기획사에 소속되어 있는데, 이 프로에는 같은 기획사 연예인과 유명인이 여러 명 출연하고 있다. 매주 등장하는 정규 출연자로는 가라하시 유미(唐橋ユミ, 캐스터)와 하시타니 노리코(橋谷

能理子, 캐스터)가 있고, 매주는 아니지만 자주 출연하는 코멘 테이터로는 아사이 신페이(浅井慎平, 사진가), 아사이 노부오 (浅井信雄, 국제 정치학자), **고야마 다케아키**(小山武明, 골프 해설 자), **나카니시 데쓰오**(中西哲生, 스포츠 저널리스트), **와쿠이 마 사유키**(涌井雅之, 조경 전문가), **오사키 아사코**(大崎麻子, 간사이 학원대학 객원교수)가 있다. 또 '고이켄반(御意見番, 비평가) 스 포츠'라는 스포츠 코너는 매번 비판하거나 격려할 때 '가쓰 (喝, 정신 차려)!'나 '앗파레(あっぱれ, 대단해)!'를 입버릇처럼 말하는 것으로 유명한 장훈(張本勲, 일본 이름은 하리모토 이사 오)의 코너로, 이전에는 오사와 게이지(大沢啓二)[12]와 콤비로 출연했는데, 오사와가 사망한 후로는 매회 다른 스포츠 선 수 출신의 인물이 등장한다. 이 프로에도 같은 기획사 소속 인 전 프로야구 선수 구도 기미야스(工藤公康)가 출연한 적 이 있다.

이상과 같이 「선데이 모닝」이라는 프로에서는 산케이 기 획사가 세키구치를 중심으로 일을 많이 확보하고 있는 구도 가 보인다. 그러나 인터넷상에서 '밀어붙이기'라는 비판은 일어나지 않고 있다. 방송국 측에서도 "흔히 있는 일입니 다"라는 정도의 반응을 보일 뿐이다. 아마도 만약에 한국인 이 여러 명 출연하는 프로였다면, 인터넷상에서도 이러쿵저

---

12 전 프로야구 선수. 은퇴 후 감독 및 해설자로 활약했다.

러쿵 상당히 말이 많은 프로가 되었을 것이다. 요컨대 '밀어붙이기'가 문제되는 것이 아니라 '한국이기 때문에' 문제가 되는 것이다.

일반적으로 TV 출연 여부는 경제 활동과 커넥션에 따라 결정된다. 연예 기획사는 필사적으로 자신들의 상품, 즉 연예인을 파는 일에 열중할 뿐이다. 매출을 올리고 싶고 또 투자한 자금을 회수하고 싶은 기획사의 입장에서는 당연히 해야 할 일이다. 따라서 음모론으로 접근하는 것은 적절하지 않아 보인다. 기획사는 그저 돈을 벌고 싶은 것이다.

한편 광고와 관련해서는 통상 그때그때의 시세가 존재한다. 광고 대행사의 캐스팅 부문이나 캐스팅 회사에는 시세표라는 것이 있어서, 이를 기초로 출연료 교섭에 들어가는 것이다. 어느 인기 배우는 전성기에 광고 출연료가 매월 1천만 엔씩 올라갔다. 처음에는 3천만 엔이던 것이 다음 달에 문의했을 때는 "이번 달부터 4천만 엔이 되었습니다. 다음 달에는 5천만 엔으로 오를 테니까 이달 중에 계약하는 것이 좋을 겁니다"라고 했다는 이야기를 들은 적이 있다.

이와 같이 광고 출연료는 심하게 말하면 주먹구구식 계산인 경우가 많아서, 앞에서 언급했던 CF의 여왕들도 그때그때 계약 조건이 다른 것이 보통이다. 예를 들면, 과자나 화장품처럼 격이 높은 광고에 출연할 경우에는 몸값이 통상 3천 5백만 엔에 달하는 여배우라 하더라도, 경우에 따라서는 5백만 엔에 출연하는 일도 있다. 기획사로서도 되도록 많은 회사로부터 계약을 따냄으로써 인기가 있다는 분위기를 조성하고 싶기 때문에 정가보다 싸게 계약하는 것을 굳이 꺼리지 않는다.

한국 정부의 관계자에게 물어보았다

앞에서 기무라 다로의 발언, 즉 "한국 정부가 한류 콘텐츠를 억지로 밀어붙이고 있다"고 발언한 문제에 대해 언급했다. 이 문제와 관련해서 나는 한국 정부의 관계자인 X 씨를 취재한 적이 있는데, 그때 '애국자'들이 궁금해할 것 같은 부분을 대신 물어보았다. 내 말을 믿든 안 믿든 그것은 자유지만 취재 당시 인터넷 반응에 대해 매우 곤혹스러워하던 X 씨의 표정과 "정말 일본과 친하게 지내고 싶은데……"라고 말하던 모습이 인상 깊게 남아 있다.

─기무라 다로 씨가 "한국 정부는 광고 대리점을 통해 유튜브의 재생 횟수를 늘리고 있다"라고 발언한 점에 대해 어떻게 생각하는가?

X 씨 : 기무라 씨는 군사 정권 시절의 한국을 생각하고, 그 연장선상에서 발언한 것이 아닌가? 그 후에 민주화된 점에 대해서는 전혀 고려하고 있지 않은 것처럼 보인다. 군사 정권 시절의 한국에 대한 의식 수준에 머물러 있다. 소녀시대가 동영상 조회 수에서 상위를 차지하도록 한국 정부가 조작하고 있다고 말하는 것 같은데, 그런 일은 있을 수 없다. 정부가 특정 기업이나 특정 연예인 일에 개입해서 후원하거나 하는 일은 할 수가 없다.

— 프랑스에서 열린 재팬 엑스포에 한국이 출전한 이유는 무엇인가? 이것이 밀어붙이기가 아니면 무엇이란 말인가? 편집자 야마다 고로(山田五郎) 씨는 한국이 일본 문화를 해외에서 약탈하고 있다고 지적하고 있다.

X 씨 : 표면적으로는 그렇게 보일지도 모르지만 그것은 거짓말이다. 재팬 엑스포는 우리가 직접 참가하고 싶다고 해서 참가할 수 있는 곳이 아니다. 주최자가 초청해 주었기 때문에 가능한 일이다. 재팬 엑스포의 주최자는 프랑스인이다. 원래 재팬 엑스포는 '아시아'가 그 대상이다. 그렇기 때문에 일본뿐만이 아니라 한국도 부르게 된 것이다. 왜 일본 정부는 되고 한국 정부는 안 되는 것인가? 이 점에 대한 사실관계부터 먼저 논의하는 것이 순서일 것이다.

이와 관련해서 나는 '○○의 기원은 한국'이라고 주장하는 것들이 실제로 존재하는지에 대해 솔직히 생각해 보았다. 정말로 '아시아'를 대상으로 한 것이라면 '아시아 엑스포'라고 해도 무방하지 않은가? 재팬 엑스포에서 한국인이 엉터리 검도 시범을 보여 준 사실도 있고 해서, 나로서는 도저히 X 씨의 주장에 전면적으로 동의할 수가 없다. 또한 한국이 지금까지 자신들이 기원이라고 주장한 것들은 그 정도가 너무 심하기 때문이기도 하다. 예를 들면 검도, 유도, 종이접기, 영국인, 기독교, 일본도(日本刀), 된장, 간장, 와규(일본 쇠고기), 일본어, 왕벚나무 등등에 대해 한국 기원설을 주장하고 있다. 이것을 보면 '바보 아냐?'라는 탄식이 나올 정도다. 분명히 재팬 엑스포에는 타이완의 예술가도 참가했다. 그렇지만 그는 어디까지나 일본을 모티브로 한 작품 활동을 하는 사람이다. 다른 프랑스인 참가자도 마찬가지다. 그러면 다음 질문으로 넘어가 보자.

─한국 정부가 국책 차원에서 특정 가수에게 거액의 예산을 투입해서, 한국 관련 콘텐츠를 무리하게 일본에서 유행시키려 하고 있다는 것이 사실인가?

X 씨 : 예를 들면, 양질의 드라마가 제작될 수 있도록 상을 만드는 일은 있다. 이 경우 상금이라는 명목으로 돈을 주는 것이 아니라 시나리오의 공모, 제작 센

터에서의 제작, 광고 방영 등을 총괄적으로 지원하는
형태를 취한다. 이와 같이 기획 과정에서부터 제작과
해외 유통 등에 이르기까지의 전 과정을 지원할 수 있
는 사업비를 준비해 놓고 있는 것은 분명한 사실이다.
또 분야가 다른 복수의 콘텐츠에 대해서는 공적 자금
을 투입하고 있다. 세금을 사용하는 것인 만큼, 명확
한 목표와 공정한 시스템에 근거하여 응모자에 대한
심사를 한다. 심사를 통해 융자가 결정된 사업에 대해
서 자금을 투입하는 것이다. 특정 가수에게 집중적으
로 자금을 투입하는 것은 민간에서 해야 할 일이다.
― 거액의 자금이 덴쓰로 흘러들어 간 것으로 알려진 '한
일 교류 축제'의 규모는 어느 정도인가?
X 씨 : 1억 엔에도 미치지 못하는 이벤트였다. 2010년에
는 덴쓰가 맡았고, 2011년에는 하쿠호도가 맡았다. 이
것은 본래 정부 차원의 교류로, 한국에서는 일본 정부
가 주도하고 일본에서는 한국 대사관이 주도한다. 오
로지 덴쓰하고만 일을 하는 것은 아니다.
또 한국만이 문화를 해외에 소개하고 있는 것은 아니
다. 일본에는 '쿨 재팬'이라는 것이 있고, 영국에는
'크리에이티브 브리튼(Creative Britain)'이라는 것이 있
다. 단, 정부가 할 수 있는 일에는 한계가 있다. 정부

쪽에서 하는 것은 전면 지원이 아니라 후방 지원에 속한다. 예를 들면, 이벤트가 진행 중인 홀에서 관계자들과 명함을 교환하거나, 레코드 회사 쪽 사람들과 대화할 수 있는 기회를 마련하는 일 등이다. 우리가 비즈니스를 이끌어 가는 것이 아니다. 우리는 그저 민간이 비즈니스를 활성화해 나갈 수 있도록 환경을 조성하는 일을 할 뿐이다. 선두에 서는 것은 어디까지나 민간이고, 정부는 땅 고르기 정도의 역할에 그칠 수밖에 없다. JETRO(일본 무역 진흥 기구)가 하는 일과 별반 다르지 않다고 보면 된다.

한 가지 덧붙이자면, 2012년 12월 3일 자 『도쿄신문(東京新聞)』 석간에 '한류 붐, 미얀마가 들끓다!'라는 기사가 실린 적이 있다. 패션과 화장품 분야에서 한국이 미얀마에 깊숙이 침투해서 인기몰이를 하고 있다는 내용이었다. 이와 함께 이 기사는 미얀마 국내에서 "친일파는 중년층이 중심이라서 전망이 어둡다. 그래서 일본에서도 관민(官民)이 공동으로 '일류(日流)' 수출에 힘을 쏟기 시작했다"는 내용에 대해서도 보도했다. 그렇다. 일본 정부도 '일류'의 보급을 위해 움직이고 있는 것이다. 어느 나라에서나 이 정도 일은 다 하고 있다.

그리고 X 씨는 "하고 싶은 말이 있다"고 하면서 다음과 같이 말을 이어갔다.

X 씨 : 한국에서 상영되는 극장 애니메이션의 50~60% 는 일본에서 만들어진 것들이다. 미국과 일본 애니메이션 산업의 진출로 인해, 한국의 애니메이션이 육성되지 못하고 있는 상황이다. 마찬가지로 만화의 경우도 수입 만화가 많은 탓에, 독창성 있는 만화가 성장하지 못하고 있다. 이러한 상황은 캐릭터 산업에서도 크게 다르지 않아서, '짱구는 못 말려'나 '헬로키티' 등이 엄청난 인기를 끌고 있다. 한국산 캐릭터도 있지만, 기본적으로는 일본과 미국의 캐릭터가 지배하고 있다고 생각한다. 한편 게임의 경우에는 온라인 게임에서 한국이 우위를 보이는 반면에, 아케이드 게임이나 패키지 게임에서는 일본과 미국이 지배하고 있다. 이와 같은 현상이 발생한 이유는 한국에 하드웨어 메이커가 없고 또 이로 인해 자신의 브랜드 파워를 앞세운 게임 회사가 성장하지 못했기 때문이다. 따라서 한국에서 팔고 있는 게임의 대부분은 닌텐도(任天堂) 제품인 것이다.

이상과 같이 한국에서는 일본의 콘텐츠가 영향력을 발휘하고 있는 상황이다. 그러나 이것이 독도나 '군 위안부' 문제와 연결되었을 때 일본을 공격하는 사회적 폭발력으로 작용하게 될까 두렵다.

— 일본의 미디어 관련 회사에 재일 한국인이 대거 침투해서 '공작 활동'을 전개하고 있다는 등의 주장이 있는데, 이에 대해서는 어떻게 생각하는가?

X 씨 : 정말로 어이가 없다. 100년쯤 전의 이야기가 아닌가 싶다. 지금은 그런 일은 할 수가 없다. TV 방송국에는 편성국장이라는 사람이 있어서, 이 사람이 편성에 관한 권한을 장악하고 있다. 그렇다면 그 편성국장이 공작원이라는 말이 된다. 다시 말하면 특정 이데올로기에 세뇌된 사람이 매스컴 관련 기업에 침투했다는 말인데, 그런 일이 있을 것이라고는 생각하지 않는다. 입사하는 것 자체도 힘들 뿐만 아니라, 또 입사한 이후에 출세하는 것도 매우 힘들기 때문이다. 재일의 아이덴티티가 '한국 편들기'인가 하면 요즘과 같은 시대에는 있을 수 없는 일이다. 한국어조차 제대로 모르는 재일 한국인도 많다. 그런 관점에서 보면 '공작원설'은 식민지 시대적인 경직된 발상이라고밖에는 생각되지 않는다.

— '한류 밀어붙이기'는 있었는가?

X 씨 : TV 방송국도 민간 기업이다. 비용 대비 효과가 높기 때문에 방영하는 것이라고 생각한다. 예를 들면, 심야에 방영하는 미국 드라마는 가격이 비싼데도 불구하고 시청률이 2%대인데 비해, 가격이 싼 한국 드라마는 시청률이 3%대 수준이라고 한다면, 이럴 경우 한국 드라마를 선택하는 것은 당연한 일이다. 최종적인 결정권을 갖고 있는 것은 매수자인 방송국과 CD나 DVD를 판매하는 회사다. 비용 대비 효과라는 관점에서 볼 때 흑자가 예상된다는 판단이 내려졌기 때문에 사들이는 것이다. 또 그런 판단이 있었기 때문에 편성국장도 한국 드라마를 내보내는 것이 타당하다고 판단한 것이다. 결국, 편성국장의 행위는 경제 활동에 지나지 않는다.

그리고 X 씨는 마지막으로 '애국자'들에게 다음과 같은 메시지를 보냈다.

X 씨 : 근대 문명을 받아들여 발전한 일본에 비해, 중국과 한국은 발전이 늦었다. 일본은 외래문화를 받아들여 발전한 문화다. 전통적으로 문화의 다원성이 작동하고 있다. 그렇기 때문에 현재 일본 사회 대부분의

영역에서 문화의 다원성이 꽃을 피우고 있다. 일본에는 사상과 발언의 자유가 있다. 또 일본은 다양한 문화가 공존할 수 있는 체제이기도 하다. 그런 다원성이 현재와 같이 발전된 일본 사회를 만들어 왔다는 점을 생각하면, 한류라는 이유만으로 한국에서 들어온 문화 콘텐츠를 외면하거나 내버리는 일은 없을 것이라고 생각한다. 함부로 버리지 않는 것이 일본의 본받을 만한 전통적 가치라고 생각한다. 서양 문명을 선구적으로 수용한 개척 정신이 존재하는 일본은 외국 문화에 대해 언제나 관용성과 유연성을 보였다. 바로 이것이 일본의 발전과 문화의 다양성을 꽃 피우게 만든 배경이다. 그와 같은 전통적 가치가 '애국자'들의 무분별한 반한류적 행위로 인해 훼손되는 것은 대단히 유감스러운 일이다.

결과적으로 그들은
대승을 거두었다

매스컴은 '애국자'가 생각하는 것처럼 고상하지도 않을 뿐만 아니라, 진지하게 국가 문제를 생각하지도 않는다. 그러나 어쨌든 나는 '애국자'가 최근 수년간의 싸움에서 승리

했다고 생각한다. 왜냐하면, 기업도 미디어도 한국 관련의
기획을 주저하게 되었기 때문이다. 로토제약이 '반일' 여배
우 김태희를 광고에 기용했을 때는 데모가 일어났고, 이벤
트 기획도 중지되었다. 또 BS닛테레(BS日テレ)[13]는 2012년
여름에 이명박 대통령이 독도를 방문한 직후, 김태희가 출
연하는 드라마『젯타이 가노조(絶対彼女, 절대 그녀)』의 방영
을 보류한다고 발표했다.

내가 광고 대리점의 사전 협의회에 참석했을 때도, 한국
배우의 기용은 물론, 한국과의 우호 분위기 조성과 관련한
기획 또한 회피하는 쪽으로 움직이고 있었다. '엔조(炎上)'[14]
나 데모, '덴토쓰(電凸)'[15] 등이 발생할 경우, 일이 매우 골치
아프게 흘러갈 우려가 있다는 것이 그 이유였다. 이러한 사
태야말로 '애국자'들이 바라는 풍경일 것이다.

실제로 2011년 제62회 NHK 홍백가합전(紅白歌合戰)이 열
렸을 때는 겨우 3개 팀의 한국 그룹이 출전했을 뿐인데도,
이를 빌미로 NHK 주변에서는 '한류 홍백 분쇄 데모'가 벌

---

13 BS 디지털 방송을 하는 니혼TV 계열의 위성 기간(基幹) 방송 사업자를 말
한다.

14 웹 사이트에 비난이나 비판 코멘트 등이 집중되는 현상을 말한다.

15 '전화 돌격 취재'에서 나온 말이다. 개인이나 일반 단체의 대표가 매스컴
이나 기업, 관청, 정당, 종교 단체 등에 전화를 걸어서 집요하게 진의를 묻
거나 문제를 제기하는 행위를 말한다. 그 내용을 인터넷 등에 공개하기도
한다.

어졌다. 또 가메다 제과(龜田製菓)가 한국의 농심과 제휴하기로 했다는 사실이 알려졌을 당시에는 아마존의 가메다 제과 소비자 리뷰 코너에 이를 비판하는 코멘트가 집중되는 엔조 현상이 발생했다. 가메다 제과에 대해 '농심은 이물질 혼입 사건을 일으킨 과거가 있다. 그런 기업과 제휴하는 것은 위험하다.', '기술을 도둑맞으면 어쩌려고 하는가?' 등의 비판이 집중되었던 것이다. 그러나 가메다 제과로서는 경영상 제휴가 유리하다고 판단한 것뿐이다. 주주가 경영적 관점에서 비판하는 것이라면 이해할 수 있지만, 단순히 한국 기업과의 제휴에 대해 거부감을 느끼는 사람들이 경영에 대해 참견하려는 것은 이해가 되지 않는 행동이다.

한편 2012년 11월 26일 NHK가 발표한 제63회 홍백가합전 출연자 명단에는 한국 가수가 한 팀도 포함되지 않았다. 독도 문제를 포함한 외교상의 마찰도 고려한 결과였다. 단, NHK는 독도 문제와는 관계가 없다고 말했다. '애국자'들로서는 대승리가 아닐 수 없다.

어떤 의미에서 보면 '애국자'들의 활동은 훌륭하다고 평가할 만하다. 진위 불명의 망상으로 가득 찬 주장을 계속하면서도, 이런 식으로 기업과 미디어를 위축시켜서 한국과 관련된 화제를 취급하지 않도록 할 만큼의 발언력을 획득한 것이다.

그러나 다른 한편에서는 이상한 일도 일어나고 있다. '애국자'들은 한국을 배척하는 일에 집중하면서도, 무슨 이유에서인지 민주당을 애국 정당으로 인정하지 않는다. 2012년 이후 한일·중일 관계는 최악의 상태로 악화되었다. 2012년 11월 24일 내각부(內閣府)가 발표한 '외교에 관한 여론 조사'를 보면, 중국에 대해 '친근감을 느끼지 않는다', '그다지 친근감을 느끼지 않는다'라고 대답한 사람이 전년보다 9.2포인트 증가한 80.6%나 되었다. 이것은 조사가 시작된 이래 최고 수치다. 마찬가지로 중일 관계를 '양호하다고 생각하지 않는다'라고 대답한 사람도 92.8%나 되었다. 한국에 대해서는 '친근감을 느끼지 않는다'가 59%를 기록하여, 전년에 비해 23.7포인트 증가했다. 한일 관계를 '양호하다고 생각하지 않는다'고 대답한 비율도 전년보다 42.8포인트 증가하여, 78.8%를 기록했다.

한국과의 국교 단절을 요구하는 '애국자'들은 도쿄의 신오쿠보(新大久保)에서 '한국 국교 단절 데모'를 벌이고 있고, 도쿄의 이케부쿠로(池袋)에서는 '사상 최대의 반중 데모!'가 벌어지고 있다. '애국자'들 입장에서는 중국과 한국을 혐오하는 분위기가 확산되는 것만큼이나 즐거운 일은 없을 것이다. 드디어 바라고 바라던 상황이 찾아온 것이다. 여기까지 올 수 있었던 이유는 민주당 정권이 있었기 때문이다. 민주당의 공적을 생각하면 좀 더 칭찬해 주어도 좋으련만, 여전히 인터넷상에서는 민주당을 반일 정당이라며 비판하고 있다. 민주당을 비방하고, 애국자인 아베 신조(安倍晋三) 자민당 총재를 지지하는 댓글이 난무하고 있다.

넷우익의 모순

자민당의 아소 다로(麻生太郎) 전 총리도 애국자로 알려져 있다. 그는 2012년 10월 한일 관계를 개선하기 위해 한국을 방문했다. 당시 그는 같은 해 8월 독도를 전격 방문하여 일본 정부와 국민을 분노하게 만든 이명박 대통령과 회담했다. 이와 같은 아소의 행동은 '애국자'의 입장에서 본다면 반일이 아니고 무엇이란 말인가?

그러나 '애국자'들은 이 점을 지적하지 않는다. 아마도 논리적 모순에 빠질 위험성이 있다는 판단 때문일 것이다. 다시 말하면, 무슨 일이 있어도 '민주당=반일 정당', '자민당=애국 정당', '아소 다로와 아베 신조=애국지사'라는 도식을 무너뜨릴 수는 없기 때문일 것이다. 그렇다면 왜 아소를 애국자로 생각하게 된 것일까? 그 이유 중의 하나는 아소가 만화를 좋아한다고 공언한 것과 관련이 있다. 인터넷 헤비 유저(heavy user) 가운데는 만화광들이 많은데, 이들이

'우리의 아소 씨'라고 부르기 시작한 것으로 보인다. 한편 •
아소는 『엄청난 일본』[16]이라는 저서를 출판했는데, 이것이
애국자임을 증명하는 결정적인 증거가 되었다. '애국자'들
은 이 책을 아마존 판매 순위 1위로 만들기 위한 운동을 전
개했고, 그 결과 실제로 1위 자리에 오르기도 했다.

그러나 아소가 과연 그들이 원하는 모습의 애국자인지
를 따져 보면 반드시 그렇지도 않다. 그들이 생각하는 애국
자라면 한국을 싫어하고, 한국인이나 재일 코리안을 일본
에서 몰아내기 위한 운동을 전개하며, 조선학교 수업료 무
상화에 대해 반대하는 모습을 보여 주어야 한다. 그러나 아
소는 나카소네 야스히로(中曾根康弘) 전 총리가 대표로 있는
'한일 협력 위원회'의 대표 대행이라는 요직을 맡고 있다.
또 앞에서 소개한 '한일 교류 축제'는 한일 양국의 우호를
증진하려는 목적에서 개최된 이벤트인데도, 스폰서 명단에
는 아소의 친가 쪽 회사와 동생의 이름이 올라가 있다. 이와
같은 여러 가지 측면을 고려해 볼 때, 아소는 혐한 사상을
가진 인물로 보기 어렵다고 해야 할 것이다.

아베 신조의 경우도 마찬가지다. 아베는 고이즈미 준이

---

16 원제목은 『とてつもない日本』으로 2007년에 발간되었다. 부정적인 면만을
지적하는 미디어의 태도에 대해, 일본은 잠재력과 저력이 대단한 국가임을
강조하면서 일본에 대한 재평가를 호소하는 내용이 들어 있다.

치로(小泉純一郎)와는 달리 한국과 중국의 감정을 배려하여, 제1차 아베 내각(2006~2007) 때 야스쿠니신사(靖国神社)를 참배하지 않았다. 또 자민당 간사장직을 맡고 있던 2004년 당시에도 중국을 배려해서인지, 센카쿠 제도(댜오위다오)에 상륙한 중국인 활동가를 아무런 처벌 없이 강제 송환하는 데서 그쳤다. 아소와 아베가 한국과 중국을 자극하지 않으면서 양국과의 관계를 개선하기 위해 노력하는 모습을 확인할 수 있다.

그러나 이러한 점에 대해 '애국자'들은 인터넷상에서 아무런 언급도 하지 않는다. 민주당 의원이 한국에 대해 조금이라도 우호적인 발언을 한다 싶으면, 곧바로 매국노 취급을 하는 것과는 천양지차가 아닐 수 없다. 여기에서 알 수 있는 것은 무엇을 말하는가가 중요한 것이 아니라, 누가 말하는가가 중요하다는 점이다. 시작 단계에서부터 민주당을 반일적 존재 내지는 한국과 중국에 아첨이나 하는 존재로 취급한 까닭에 한국이나 중국과의 관계가 나빠져도 그렇게 되기까지 민주당이 기여한 점에 대해서는 좋은 소리를 하지 않는 것이다. 마찬가지로 자민당 의원이 한중 양국과의 관계 개선을 위해 노력하는 모습에 대해서는 애써 이를 외면하는 것이다. 그들 '애국자'의 입장에서 본다면, 한중 양국과의 관계를 엉망으로 만들어 버린 민주당이야말로 당연히 칭찬받아야 마땅한 대상이다. 그럼에도 불구하고 도대체 그들은 왜 민주당을 칭찬하지 않는 것일까? 여기에는 그들의 이중 잣대가 존재한다.

과도하게
편의주의적인 해석

그러면 여기에서 잠시 말도 안 되는 터무니없는 이야기를 해 볼까 한다. 2012년 11월 13일 TOKYO MX TV는 애니메이션 「사쿠라장의 애완 그녀(さくら荘のペット彼女)」를 내보냈다. 방송이 나가자마자 인터넷상에서는 스텔스 마케팅과 함께 한국 밀어주기를 비판하는 댓글들이 넘쳐났다. 한국을 밀어주려고 원작을 악질적으로 훼손했다는 것이다. 원작은 일종의 경소설(輕小說)인 '라이트 노벨(light novel)'로, 그 내용 중에 환자에게 음식을 먹여 주는 장면이 나오는데, 이때 그 음식을 '간단한 죽'으로 표기한 장면이 있었다. 그런데 애니메이션에서는 본래 '죽'이었던 것을 한국의 전통 음식인 삼계탕으로 바꿔서 묘사했던 것이다. '애국자'들은 이 사실에 격분했다. 도대체 방송국은 어디까지 한국을 밀어줄 생각이냐면서 비난의 목소리를 높였다. 특히 2채널에서의 댓글 반응은 폭발적이었다.

애니메이션 제작사는 한국을 밀어줄 의도는 없었다고 해명했지만, 부자연스러움을 지적하는 엄청난 비난의 목소리 앞에서 그런 해명은 통하지 않았다. 이 일과 관계가 없는 다른 애니메이션 제작사의 관계자가 "애니메이션 수준에서 이해하기 쉬운 표현을 찾고자 노력한 끝에 나온 결과입니다. 가쓰오 맛과 향이 나는 간단한 죽을 맛있게 묘사한다는 것은 정말로 어려운 일입니다"라고 트위터를 통해 설명한 것에 대해서도 납득하지 못하는 반응이었다. 오히려 "프로가 그렇게 말해도 되는 거야? 그걸 묘사하는 게 네 일이 잖아!"라고 혹독하게 질타하는 목소리만 나올 뿐이었다. 나중에 트위터에서는 "똠얌꿍(태국 음식)이었다면 이렇게까지 화가 나지는 않았을 거야!"라는 볼멘소리도 나왔다. 결국은 한국 음식이었기 때문에 엄청난 소란이 일어난 것이다.

바보 같은 일이 아닐 수 없지만, 본격적인 바보들의 이야기는 지금부터가 시작이다. 아베가 삼계탕으로 유명한 음식점에 간 사실이 밝혀진 것이다. 구르메(gourmet) 사이트인 '다베로그(食べログ)'는 아베의 사진이 걸려 있는, 삼계탕으로 유명한 한국 음식점의 존재를 클로즈업했다. 또 그 후 『산케이신문(産経新聞)』은 삼계탕으로도 유명한 도쿄 도 내의 단골손님 전용 한국 음식점에서, 이곳의 단골인 아베가 한국 음식을 맛있게 먹은 사실을 보도했다. 당시 그 자리에

는 『산케이신문』 기자도 함께 있었다. 이에 대해서는 다음
과 같은 의견이 인터넷에 올라왔다.

"위장이 튼튼하다는 걸 보여줄 생각이라면 일식으로 했
다면 좋았겠지만, 일식은 위장에 부담을 주지 않는 것들뿐
이라서, 의미를 알았다. ㅋㅋㅋ"

"일부러 불고기와 김치를 주문하고 곱창에 대해서도 이
런저런 말을 했으니, 이제 매스컴에서는 더 이상 비난을 할
수가 없게 됐네. 과연 아베 씨는 책사다."

"재일은 한반도로 돌아가라고 설득한 거 아닌가?"

"겉으로라도 한국통인 척하고 있으면 매스고미는 비난
하지 않을 거다. 아베 씨, 진짜 슬기로워졌네."

이러한 의견들은 삼계탕이 애니메이션에 등장한 사실만
으로도 비난의 목소리를 높이던 사람들과 같은 성향의 사람
들이 올린 글로 추측된다. 그런데 이 사람들은 아베가 한국
음식점에서 식사를 하자마자, 일본을 정말로 걱정하는 책사
이자 쓰레기 매스컴 조작에 뛰어난 인물이라고 높이 평가해
버린다. 정말로 잘도 둘러댄다. 단순히 아베는 한국 음식이
좋아서 먹었던 것이 아닐까?

'News U.S. 한국·재일 조선인 붕괴 뉴스'라는 사이트에
서는 『산케이신문』의 보도와 관련해서 이렇게 언급했다. 여
기에서는 매스컴이 아베를 비난하는 정도가 너무 심하다는

전제 하에서 다음과 같은 논리를 전개했다.

"그놈들은 '아베 씨도 한국 편입니다'라고 강조하고 나섰다는 사실. 그런데 결과적으로는 '한국에 우호적인 모습을 보여서는 좋을 것이 없다'는 것을 스스로 인정해 버린 꼴이 된 것입니다. 바보입니다. 조선인의 지능이란 애초부터 그 정도 수준에 지나지 않습니다. 일관된 공작 하나 제대로 못하는 오합지졸입니다."

"그리고 이 불고기 화젯거리를 아주 좋아라 하면서 아베 씨를 비난할 재료로 삼은 쓰레기 매스컴. '그 정도밖에 부정적인 면이 없다'는 것도 스스로 증명한 셈입니다. 더 대단한 화젯거리가 있었다면, 당연히 신이 나서 그것을 문제 삼아 떠들었을 테니까요."

우익 신문인 『산케이신문』의 기사 내용을 읽어보면, 완벽한 아베 밀어주기 기사다. 많이 먹었다는 사실을 들어 얼마나 아베가 건강한 상태인지를 강조하기 위한 기사인 것이다. 이것이 한국 음식이 아니었다면 인터넷상에서 그렇게까지 큰 소동은 일어나지 않았을 것이고, News U.S.도 '쓰레기 매스컴의 아베 씨 비난'이라는 식의 해석은 하지 않았을 것이다.

'애국자'에게
바짝 다가서는 아베 신조

그런데 아베는 이러한 인터넷상의 절찬 코멘트에 기분이 좋았는지, 인터넷상의 '애국자'들에게 바짝 다가선 발언을 난발한다. 무기는 페이스북이다.

아베가 2012년 9월 26일 자민당 총재에 취임한 직후에 방송된 「도쿠다네(とくダネ, 특종)!」(후지TV)라는 프로에서, 아베가 2007년에 수상을 사임한 것과 관련하여, 코멘테이터 다나카 마사코(田中雅子)와 캐스터 오구라 도모아키(小倉智昭)가 "배가 아파서 그만둬 버렸다", "어린애 같다" 등의 대화를 주고받은 것 때문에 인터넷이 들끓어 오르는 엔조 현상이 발생했다. 아베와 마찬가지로 궤양성 대장염을 앓고 있는 환자들을 야유했다고 오해한 것이다. 그러자 아베는 페이스북에서 "진한 농담 식의 비방이나 중상은 나 이외의 같은 병으로 고생하는 사람들에게 상처를 주는 행동이라는 점을 와이드 쇼 출연자들은 알았으면 합니다", "의도적인 중상모략이라고 판단할 수밖에 없습니다. TV에 나올 자격이 없습니다"라고 지적했다.

그 후 오구라가 프로에서 사과한 사실을 알고는 "많은 분들이 프로에 항의해 주신 결과라고 생각합니다. 이것은 정말 인터넷의 승리입니다", "저와 함께 싸워 주신 여러분께 감사드립니다"라고 페이스북에서 감사의 뜻을 밝혔다.

또「미노몬타의 아사즈밧(みのもんたの朝ズバッ)!」(TBS)에서는 2012년 11월 16일 NHK 캐스터의 치한 행위를 보도하는 코너에서 아무런 이유 없이 아베의 영상이 '자민당 아베 신조 총재'라는 텔롭(telop)과 함께 등장했다. 이것을 인터넷에서 문제 삼은 것과 관련해서도 아베는 페이스북을 통해 다음과 같이 말했다.

"바로 그날은 중의원이 해산되던 날입니다. 네거티브 캠페인이 드디어 시작된 것일까요? 만약 방송 사고라면 저한테 직접 사과하는 것이 마땅할 텐데, 지금까지 아무런 말도 없습니다."

"방송 도중에 여성 아나운서가 '네, 조금 전 내용과 관계없는 영상이 나간 것에 대해 사과드립니다'라고 말했을 뿐입니다. TBS는 지난번 제가 총재 선거에 출마했을 때도 '731 세균 부대'를 보도하는 도중에 저의 얼굴 사진을 의도적으로 송출시키는, 악질적인 서브리미널(Subliminal) 효과를 이용한 여론 조작을 시도한 적이 있습니다. 그래서 '또 그러는 건가?'라는 그런 생각이 듭니다. 지금부터 적어도 한 달 동안은 이러한 매스컴 보도와의 싸움이 벌어질 것 같습니다. 저는 여러분과 함께 싸워 나갈 것입니다."

  그 후 아베는 '아베「구국」 내각 수립! 국민 총궐기 집회
및 국민 대행동'이라 이름 붙인 이벤트에 등장했다. 이 모임
에는 전 항공 막료장(航空幕僚長)인 다모가미 도시오(多母神俊
夫)와 우익 방송국으로 알려진 '채널 사쿠라(チャンネル桜)'의
미즈시마 사토루(水島総) 등도 참가했다. 그 자리에서 아베
는 마지막에 이렇게 연설했다.

  "채널 사쿠라도 생겼고 또 인터넷도 있습니다. 여러분!
이제 인터넷으로 함께 여론을 바꿔 나가도록 합시다. 여러
분! 우리 함께 일본을 위해 싸워 나갑시다."

  이것뿐만이 아니다. 아베는 노다 요시히코(野田佳彦) 당
시 수상과의 당수 회담을 제안하는 과정에서 '애국자'들의
주요 활동 무대로 자신에게 유리할 수밖에 없는 '니코니코
생방송(ニコニコ生放送)'을 통해서 하자고 제안했다. 이것은
'자민당 인터넷 서포터스 클럽(자민당의 공인 아래, 자민당의 생
각을 인터넷을 통해 알리는 볼런티어 조직)'의 훈수를 받아들인
것으로 보이는데, 어쨌든 이와 같이 아베는 '인터넷에서 활
동하는 여러분!'이라는 표현을 난발하면서 '애국자'들에게
징그러울 정도로 바짝 다가서고 있다.

바짝 다가서는 데 실패한
가타야마 사쓰키

자민당에는 '애국자'에게 다가가는 또 한 사람의 의원이 있다. 참의원 의원 가타야마 사쓰키(片山さつき)가 바로 그 주인공이다. 가타야마는 국회에서 NHK 회장에게, NHK의 음악 프로인 「뮤직 재팬」에 출연하는 한국인 아티스트의 점 유율이 36%라고 지적하면서, '이렇게 되면 「뮤직 코리아」'라고 몰아붙였다. 그러나 가타야마가 제시한 36%라는 수치는 거짓말이었다. 실제로는 11%다. 인터넷상의 거짓 데이터에 제대로 낚인 것이다.

가타야마는 그 외에도 수치스러운 발언을 해대고 있다. 그것은 2채널의 마토메 사이트인 '햄스터 속보'에 올라와 있는 다음과 같은 기사에 대한 발언이다.

"한국이 미국에 위안부 기념비를 세우는 등의 일본을 폄하하는 선전 → 일본인 어린이들이 따돌림의 대상으로."

이에 대해 가타야마는 다음과 같이 연속으로 트위터에 글을 올렸다.

"햄스터 속보: 한국이 미국에 위안부 기념비를 세우는 등의 일본을 폄하하는 선전 → 일본인 어린이들이 따돌림의 대상으로, http://t.co/s211Quvh@hamusoku 씨로부터, 여러 분들의 협력으로 철거 요청 서명, 25,000을 넘었습니다. 협력에 감사드립니다!"

"민들레에 달라붙은 생쥐, 귀욥! ㅋㅋㅋㅋㅋㅋ http://t.co/ygzn9MUT@hamusoku 우리 모두 햄스터 속보를 지키자!"

설명하자면, 한국계 주민이 과반수에 달하는 미국 뉴저지주의 한 시에서, '군 위안부'의 비를 세우는 바람에 일본인 어린이들이 따돌림의 대상이 되었다는 기사를 2채널의 유력 마토메 사이트인 햄스터 속보가 소개한 것이다.

이 사이트는 조회 수가 높고 영향력이 있는 사이트인 만큼 '군 위안부' 기념비를 철거시키기 위해 백악관을 대상으로 전개하던 인터넷 서명 운동(2만 5천 건의 청원 서명이 있을 경우 백악관은 회답을 한다)에 참가하는 사람들의 수가 늘어났다. 이 점에 대해 가타야마는 첫 번째 트윗에서 감사의 뜻을 밝혔던 것이다. 그리고 두 번째 트윗에서 말하는 "민들레에 달라붙은 생쥐"란 같은 햄스터 속보 사이트에 등장하는 별도의 사진을 가리킨다. 또 "우리 모두 햄스터 속보를 지키자!"라는 말은 "이와 같은 애국적 일을 제대로 소개하는 사이트는 모두가 지원하고 활성화해야 한다"는 의미다.

그런데 햄스터 속보를 비롯한 2채널의 마토메 사이트들은 하나같이 누구나가 혹해서 관심을 보일 것 같은 화젯거리를 2채널에서 가져다가 편집해서, 조회 수를 높이는 전략을 구사한다. 그리고 어플리에이트(affiliate) 마케팅, 즉 제휴 마케팅을 통해 수입을 올리려고 애를 쓴다. 따라서 이들 마토메 사이트들은 가타야마가 생각하는 것과 같은 애국 사이트가 아니다. 한국을 비난하는 화젯거리는 많은 사람이 클릭한다는 원리를 이용해서 자기 이익을 챙기는 사이트인 것이다.

또 한 가지 지적해야 할 점은 마토메 사이트 자체는 엄밀히 말하면 저작권법 위반이라는 것이다. 타인의 것을 이용하여 돈을 버는 격이라서, 인터넷 이용자들로부터 호응만 얻고 있다고는 할 수 없다. 특히 2채널 이용자들은 이들 마토메 사이트가 자신들의 댓글을 무단으로 사용하는 점에 대해 불쾌하게 여긴다. 사실, 타인에게 피해를 주는 무단 전재 행위를 일삼는 것으로 알려진 햄스터 속보는 2채널의 전 관리인 니시무라 히로유키(西村博之)로부터, 2채널을 무단 복사 및 전재하지 못하도록 이미 금지당한 바 있다.

이와 같은 배경에 대해 잘 알고 있었다면 "우리 모두 햄스터 속보를 지키자!"라는 식의 발언은 당연히 불가능했을 것이다. 그럼에도 불구하고 트위터에 글을 올려 버렸다. 참모가 바보인지 아니면 가타야마가 바보인지는 모르겠지만, 주위 사람들은 그녀에게 인터넷상의 정보를 이해하는 방법에 대해 조금 더 가르쳐 주는 것이 좋을 것 같다. 인터넷에서는 말해서 좋은 것과 나쁜 것이 있다. 나도 이 자리를 빌려 '그런 것들 좀 제대로 공부해라, 나도 너희 때문에 세금까지 내고 있다, 이 멍청아!'라고 말해 두고자 한다.

한편 트위터상에는 "우리 모두 햄스터 속보를 지키자!"라는 가타야마의 발언에 대해 다음과 같은 반응이 올라왔다.

"역시 가타야마 사쓰키의 정보원은 2채널인가? 인터넷에서 진실을 알기라도 했다는 말인가? 넷우익 의원의 본성이 점점 드러난다. 이 자의 세비(歲費)를 생활보호 재원으로 돌리고 싶을 정도다."

"잘 알지도 못하면서 인터넷 이용자들에게 다가가려고 하니까……."

"부탁이야……, 쓸데없는 말 좀 지껄이지 말아 줘…… (자민당 지지자의 절실한 목소리)."

그 밖에도 가타야마는 2채널의 다수의 마토메 사이트로 연결되도록 링크를 걸어 놓은 상태에서 논진을 펼치기도 했다. 그러다가 결국에는, 재특회 관계자가 주최하는 '가타야마 의원을 응원하는 데모'의 예고 동영상을 보여 주고 또 직접 데모가 시작되는 현장을 방문해서 "여러분은 정말로 훌륭한 애국자이십니다!"라고 목청을 높임으로써, 박수갈채를 받기까지 했다. 당시 데모의 목적은 한국인 추방의 필요성을 어필하는 것이었다. 이렇게 함으로써 가타야마는 '애국자'의 행동을 보증해 주었을 뿐만 아니라 그들의 후원자가 되어 주었다. 그런데도 가타야마는 나중에 이 책의 공저자인 야스다와 대담하는 과정에서, 재특회에 대한 질문을 받자 "이름을 들어 본 정도입니다. 저와는 생각도 행동도 일치하지 않습니다"라고 대답했다고 한다. 만약 이것이 사실이라면, 얼마나 정보 판단 능력이 둔한지를 알 수 있지 않을까? 2채널의 허위 정보를 믿고, 또 이를 보란 듯이 트위터로 확산시킴으로써 '애국자'들로부터 박수를 받은 것이다.

국회의원은 말할 것도 없고 심지어 수상조차도 이 정도 수준에 불과하다. 실로 개탄스럽다고 하지 않을 수 없다.

나쁜 것은 모두
재일 코리안의 탓

'애국자'들의 행동 패턴은 다음과 같이 정리해 볼 수 있다. 즉 "인터넷에서 '진실(웃음)'을 안다" → "그에 관한 것을 검색하고 링크하는 과정을 통해 같은 생각을 가진 사람들이 있음을 알게 된다" → "점점 더 '한국이 일본을 학대하고 있다'는 설을 보강한다" → "이 설을 보강하지 않는 화젯거리에 대해서는 무시한다"와 같은 행동 패턴을 보이고 있다. 이러한 행동 패턴의 전형적인 사례로는 앞에서 소개한 아소 전 총리의 친한적 성향을 무시해 버리는 행위나 자민당 이외의 의원을 재일로 인정해 버리는 행위 등을 들 수 있다. 인터넷에는 '재일 조선인 국회의원 명부'라는 것이 존재하는데, 여기에는 다음과 같은 사람들의 이름이 등장한다 (일부는 국회의원이 아닌 사람도 포함되어 있다).

"오자와 이치로(小沢一郎), 간 나오토(菅直人), 하토야마 유키오(鳩山由紀夫), 도이 다카코(土井たか子, 전 사민당 당수), 쓰지모토 기요미(辻本清美), 사타카 마코토(佐高信, 평론가), 이케다 다이사쿠(池田大作, 창가학회〔創価学会〕), 아사하라 쇼코(麻原影晃, 옴진리교〔オウム真理教〕), 하야시 마스미(林眞須美, 와카야마 카레 사건〔和歌山カレー事件〕), 다쿠마 마모루(宅間守, 오사카 이케다 초등학교〔大阪池田小学校〕 무차별 살인 사건)."

그리고 강력 사건이 발생하기라도 하면, 그들은 거의 예외 없이 재일 코리안의 범행이라고 확신하고 '쓰레기 매스컴은 왜 실명 보도를 하지 않는가? 왜 통명으로 보도하는가!'라고 주장한다. 무엇이든 좋은 일은 일본인이 한 것이고, 나쁜 일은 재일 코리안 탓으로 돌리고 싶어 한다.

오마가사키(尼崎) 연속 변사 사건의 주범격인 스미다 미요코(角田美代子, 사망)도 재일 코리안으로 간주되고 있다. 그 최대 근거는 '호적상의 사촌'에 이정칙(李正則)이라는 남자가 있기 때문이다. 이정칙이 스미다(角田)의 숙부의 양자로 들어가면서, 스미다와는 호적상 사촌 관계가 된 것이다. 당연히 이것은 스미다가 재일 코리안이라는 증거가 될 수 없다. 그러나 설령 이정칙이라는 존재가 없었다고 하더라도, 인터넷상에서는 스미다를 애초부터 재일로 간주했을 것이다. 왜냐하면 동영상이 유출되는 바람에 '지진이 일어났을 때 집이 무너졌다고 거짓 트윗을 한 사실이 탄로 난 고등학생'조차도, 재일로 인정될 정도로 '나쁜 짓을 하는 것은 재일'이라는 의식이 강하기 때문이다. 나쁜 일은 모두 재일 코리안의 탓이라는 것이 '애국자'의 논리인 것이다.

또 인공 다능성 줄기세포(iPS 세포)의 임상 실험에 성공했다고 허위 발언을 한 모리구치 히사시(森口尚史)도 재일 코리안 취급을 받고 있다. 여기에도 기본적으로는 '거짓말쟁이는 재일'이라는 설이 근거로 작용하고 있다. 더욱이 어느 기자가 모리구치에게 여권을 보여 줄 것을 요구했을 때, 이를 거부하는 행동을 취한 것 때문에 사태가 악화되었다. 모리구치가 여권 제시를 거부한 이유는 수술을 했다는 당일 날에 미국에 없었다는 사실이 탄로 날 것을 두려워했기 때문이다. 그러나 '애국자'들은 '자신이 일본인이 아닌 것이 탄로 날까 봐 두려워했기 때문이다'라고 멋대로 해석했다. 사실은 그 기자도 일본인 여부를 확인하기 위해 여권 제시를 요구한 것은 아니었다. 그럼에도 불구하고 넷우익의 손에 걸려들자마자, 일본인인지 아닌지를 확인하기 위해서 여권 제시를 요구한 것으로 말이 뒤바뀌어 버린 것이다.

이렇게까지 해 가면서 모리구치를 재일로 간주하고 싶어 하는 이유는 iPS 세포 연구로 노벨생리학·의학상을 받은 교토대학의 야마나카 신야(山中伸弥) 교수와의 대비를 보다 확실하게 하기 위해서다. '일본이라는 나라가 상을 받은 것입니다'라고 국가에 대해 감사를 표시한 훌륭한 실적을 보유한 야마나카와 대비시킴으로써, 재일 코리안이 얼마나 무익한 존재인가를 확실히 보여 주려는 목적에서, 모리구치를 재일로 취급한 것이다.

'애국자'의 해석은 프로급이다!

월간지 『Will』은 2006년 5월호에 도이 다카코의 본명이 한반도 출신의 '이고순(李高順)'이라는 기사를 게재했다. 도

이는 허위 사실을 유포했다면서 소송을 제기해 승소 판결을
받아냈다. 『Will』은 하나다 가즈요시(花田紀凱) 편집장 명의
로 11월호에서 사과했다. 한편 사민당 당수 후쿠시마 미즈
호(福島瑞穗)도 인터넷에서는 조춘화(趙春花)로 알려져 있으
나, 후쿠시마는 이를 부정하고 있다. 그럼에도 불구하고 '애
국자'들은 이러한 법원 판결이나 본인의 부정을 무시한 채
'인터넷에 존재했던 진실(웃음)'을 근거로 계속해서 재일 취
급을 하고 있다.

　그것뿐만이 아니다. 도이의 재판에 대해서는 '조선인으
로 불리는 것은 차별이다. 따라서 명예훼손이다'라는 판결
이 났다는 설이 버젓이 통하고 있다. 또 '도이＝이고순'이라
는 설도 여전히 인터넷 여러 곳에서 나돌고 있다. 아니 그
보다 중요한 것은 재판의 논점이 '도이는 한반도 출신이 아
니다'에 있는데도 불구하고, 어찌 된 일인지 '조선인 취급은
차별이다'라는 쪽으로 논점 자체가 뒤바뀌어 버렸다는 점이
다. 무엇을 말하든 간에, 작은 진실이나 발언을 침소봉대해
서 해석하고, 말도 안 되는 논리를 갖다 붙이는 능력은 역시
프로급이다.

　넷우익이 도이와 후쿠시마를 재일이라고 주장하는 중대
한 근거는 시미즈 게이하치로(清水馨八郎) 지바대학(千葉大学)

174

명예교수 겸 이온드대학[17](이 대학에 대해서는 검색해 볼 것을 권
한다) 교수가 정치 단체 '국민신문사'의 기관지인 『국민신문
(国民新聞)』 10월 25일호에 게재한 '오자와 이치로는 제주도
출신'이라는 칼럼이다. 여기에서 그는 민주당 정권을 다음
과 같이 비판하고 있다.

> (전략) 당시 로마의 타락을 목격한 북방 야만족인 게르만 민
> 족이 쳐들어오자 로마는 힘없이 멸망했다. 현재 일본의 입장
> 에서 볼 때 북방 야만족에 해당하는 한국, 북한, 중국도 그와
> 똑같은 기회를 노리고 있는 것은 아닐까? 현 내각이 친중국,
> 친한국 성향을 보이는 것은 그 리더들이 '반일'의 한국 국적을
> 보유한 이중 국적의 외국인이기 때문이다. 최근 알게 된 경악
> 할 만한 사실이지만, 도이 다카코는 본명이 이고순이고 그 제
> 자 후쿠시마 미즈호는 조춘화로, 이들은 일본인이 아니다. 얼
> 굴을 자세히 보면 한인(韓人)이라는 것을 알 수 있다. 오자와
> 이치로의 모친은 제주도 출신으로, 그는 가끔 성묘차 제주도
> 를 방문한다. 간 나오토도 오자와와 같은 제주도 출신이다.
> 무라야마(村山) 담화를 한층 강화하려는 오카다(岡田) 외상도
> 수상하다. 법무대신에 마르크스주의 신봉자인 지바 게이코(千
> 葉景子)를 임명한 것은 법무대신의 지휘권 발동을 이용해 오
> 자와 하토야마의 위장 헌금 문제를 덮어두기 위한 것이 아
> 닐까? 앞으로 정치 공직에 앉는 사람들은 재산 공개뿐만 아니

---

17 IOND University. 하와이 주 호놀룰루 시에 있다는 미국의 비공인 대학.

라 당사자, 부모, 조부모의 3대에 걸쳐서 출신 지역을 밝히도
록 의무화해야 한다.

　시미즈의 이와 같은 발언을 어떻게 받아들여야 할까?
시미즈는 『Will』이 패소한 후에 이 원고를 기고했다. 도이
는 이미 재판을 통해 일본인이라는 것을 인정받은 상황이었
는데도 불구하고 말이다. '지바대학 명예교수'라는 직함은
이럴 때 효과가 있는가 보다. 그러나 '야만족'이라든가 '얼
굴을 자세히 보면 한인이라는 것을 알 수 있다'라는 말은 차
별적인 발언임에 틀림이 없다. 이온 그룹의 후계자인 오카
다를 '수상하다'고 한 것도 상식에서 벗어난 발언이다. 또
후쿠시마는 그 이름을 보면 한국인이 아님을 어렵지 않게
알 수 있다. '미즈호(瑞穗)'는 '미즈호노구니(瑞穗の国)'라고
표현할 경우 '싱싱한 벼 이삭이 여무는 나라' 즉 일본의 미
칭이 되는 것이다. 넷우익은 NHK도 후지TV도 『아사히신
문』도 『요미우리신문(読売新聞)』도 모두 믿을 수 없다고 하
면서 『국민신문』이나 2채널이라면 앞뒤도 안 가리고 믿어
버린다. 아무렇지도 않게 2중 잣대를 들이대는 이들의 작태
는 오히려 상쾌한 느낌마저 들게 한다.

국가보다
자신과 가족이 소중하다

지금까지 매스컴과 넷 리터러시(Net Literacy), 즉 정보 네
트워크의 활용 능력에 대해 이야기해 왔다. 마지막으로 매
스컴 종사자 측의 기본적인 논리에 대해 말해 두고자 한다.

오보를 하면 문책당하고 경우에 따라서는 해고되기 때문에 오
보는 절대로 하고 싶지 않다.

이것이 우리와 같은 매스컴 업계에서 종사하는 사람들
이 처음에 갖게 되는 감정이다. 물론 진실을 전하겠다는 사
명감에 불타는 사람도 있고, 약자 쪽에 서서 보도하겠다는
숭고한 사명 의식을 지닌 사람도 있다. 그렇지만 기본적으
로는 매스컴 종사자들도 자신의 생활을 무엇보다 중요하게
생각한다. 이것은 다른 업계의 경우도 마찬가지다.

우리는 보도를 함으로써 돈을 벌고 있는 것이라서, 때로
는 오보도 있지만 기본적으로는 최대한 증거를 수집해서 올
바른 보도가 될 수 있도록 정확성을 기한다. 이것이 바로 업
무상의 동기 부여가 되고 있다. 여기에는 교묘한 음모 따위
가 끼어들 만한 여지가 없다. 하물며 세계 GDP의 1.6%(세

계 15위, 참고로 일본은 세계의 8.4%)에 불과한 한국의 의향
이 개입될 여지는 더더욱 없다(IMF의 World Economic Outlook
Databases 2012년 10월 판에 의함).

왜냐하면, 그런 나라의 일보다는 자신과 가족이 훨씬 더
소중하기 때문이다. 반일 공작과 한국 밀어주기에 목숨을
걸고 있는 매스컴 종사자가 있다면, 그런 사람이야말로 이
상한 사람으로 취급당하거나 도태되어 버릴 것이다. 이것도
일반 기업과 다를 바 없다.

따지고 보면 세상일이라는 것은 그렇게 복잡한 것도 아
니다. 인간은 누구나 돈을 원하고, 주목받고 싶고, 맛있는
음식을 먹고 싶어 하는 그런 동물이다. 일본을 전복시키거
나 한국의 지배를 받도록 하려는 '어두운 세력'과 같은 존재
가 마음속에서 암약할 만한 틈이 없다. 개개인은 그저 자신
의 행복을 위해 살아가고 있는 것이다. '애국자'들이 볼 때
는 내가 기술한 모든 내용이 망언이고 전혀 진실성이 없는
것으로 인식될지도 모르지만, 나로서는 어쨌든 이렇게 일을
할 수 있는 기회를 준 다카라지마사에 감사의 마음을 표시
하고 싶다. 아! 그러고 보니, 다카라지마사도 반일 세력이
었지요? 이거 실례했습니다.

제4장

넷우익의 정체

- 도대체 너희들은 일본을 어떻게 하고 싶다는 건가!

지금까지 여러 가지 측면에서 넷우익이 주장하는 내용
의 모순점과 그들의 실태에 대해 살펴보았다. 그들은 도대
체 어떤 사람들인 것일까? 그리고 그들의 독특한 사상에는
아무런 문제점도 없는 것일까? 이 책의 저자 3인이 허심탄
회하게 넷우익의 '정체'에 대해 생각하는 바를 낱낱이 밝혀
보았다.

'넷우익'에게는
아무런 사상도 없다

야스다: 처음부터 좀 노골적인 표현이기는 합니다만, 넷
　　우익은 진정한 의미에서의 우익이라고는 생각되지 않
　　습니다.

내가 넷우익이라 불리는 사람들이나 혹은 넷우익을 자칭하는 사람들과 실제로 만나 본 느낌을 말한다면, 그들은 우익도 보수도 아무것도 아닙니다. 그들은 편의상 그저 우익을 자칭할 뿐입니다. 우익다운 또는 민족주의자다운 발언은 거의 들어 본 적이 없습니다.

고작 그들이 한다는 소리는 '뭔가가 싫다', '뭔가가 불만이다', '마음에 안 드는 놈들은 꺼져라!'라는 천박한 말들뿐입니다. 나도 넷우익이라는 말은 씁니다만, 본래 의미의 우익과는 한참 거리가 있는 사람들이 아닌가 하는 것이 내가 취재하면서 느낀 소감입니다.

야마모토: 사상적인 부분은 없다고 해야 할 것입니다.

야스다: 사상적인 문맥에서 말해서는 안 되는 사람들이라고, 나는 그렇게 생각하고 있습니다.

나카가와: 그냥 한국, 북한, 중국이 싫은 겁니다. 넷우익 중에는 원자력 발전을 추진해야 한다고 주장하는 사람들이 많습니다만, 만약 일본의 원자력 발전을 제너럴 일렉트릭(GE)이나 히타치(日立), 미쓰비시(三菱) 중공업이 아니라 한국 기업이 만들었다면 '원자력 발전 사고는 한국의 음모'라는 말이 나와서, 원자력 발전에 반대하는 세력이 되었을 가능성도 있습니다.

야스다: 그들의 입장에서 본다면 원자력 발전의 옳고 그

름 같은 것은 아무래도 좋습니다. 지금은 원자력 발전 반대라는 문맥이 이른바 좌파, 자유주의를 중심으로 제기되고 있다는 것 자체가 마음에 안 드는 것뿐입니다. 일본의 에너지 사정을 고려하는 등의 논리적 관점에서 원자력 발전의 추진이 필요하다는 결론을 도출해낸 것이 아닙니다. 단순한 반대 행동인 것입니다.

그런 의미에서, 기반이 아주 약하다고 나는 생각합니다. 약하기 때문에 음모에 빠지기 쉽다는 점도 문제입니다(웃음).

야마모토: 게다가 여기저기에서 자신들의 음모론을 보강할 수 있을 만한 것들을 끌어옵니다. 분명히 허위 정보로 생각되는 화젯거리도 마치 사실인 것처럼 마토메 사이트에 올라옵니다. 이런 것들은 그들 특유의 행동 원리가 아닐까 생각합니다.

밑에서 올려다보는 '눈높이 구조'

야스다: 넷우익이 품고 있는 전형적인 음모론은 재일 코리안에 관한 음모론이라고 하겠습니다. 옛날에도 재일 코리안에 대한 차별 언론은 인터넷에 존재했다고 생각합니다만, 그것은 '재일 코리안은 지저분하다'

'재일 코리안은 가난하다' '재일 코리안은 범죄자가 많다'라는 식의 말들이었습니다.

그런데 최근에는 여기에 음모론적인 것이 더해져 부풀려지고 있습니다. 위에서 내려다보는 차별이 아니라 밑에서 올려다보는 차별이라고나 할까요? '재일 코리안이 일본을 지배하고 있다'는 발언이야말로 상징적 사례가 아닐까 합니다.

나카가와: 맞습니다. 바로 그겁니다. 안 좋은 일은 전부 재일과 한국인, 북한인의 탓으로 돌려 버립니다. 이것이 바로 내가 그들을 바보라고 생각하는 근거입니다. 예를 들면 넷우익은 매스컴 등에서 보도한 용의자가 재일인지 아닌지를 식별할 때 한자 이름을 봅니다. 한국계를 나타내는 한자는 선대칭으로 되어 있다고 합니다. 이 때문에 iPS 세포의 임상 실험에 성공했다고 허위 발언을 한 모리구치 히사시에 대해서도 '森口(모리구치)'라는 성의 '森(모리)'와 '口(구치)'라는 한자가 각각 좌우 선대칭이고, 게다가 모리구치가 일본 여권의 공개를 꺼렸다는 이유로, 넷우익은 그를 곧바로 재일로 인정해 버렸던 겁니다. 단순히 '수술 때문에 미국에 가 있었다'는 거짓말이 탄로 나는 것이 두려워서 그랬던 것뿐인데 말입니다. 반면에 iPS 세포로 노벨상을 받은 야마나카 신야에 대해서는 재일로 인정하지

않습니다. 그의 성 '山中(야마나카)'의 '山(야마)'와 '中
(나카)'도 각각 좌우 선대칭인데 말입니다.

결국 나쁜 짓을 하면 재일이라는 식의 논리인 것입니
다. '모리구치는 재일이니까 이런 망언을 한다', '야마
나카 씨는 일본인이기 때문에 훌륭한 연구를 한다'는
식으로 사고가 굳어져 버린 겁니다.

야마모토: 그들은 유리한 쪽으로 해석을 합니다. 똑같은
논리라도 적용하는 경우와 적용하지 않는 경우가 있
습니다. 어떤 원칙이 있는 것이 아닙니다.

나카가와: 우리 세 사람도 재일로 취급당하고 있습니다.
보세요, 한자도 모두 좌우 선대칭이지 않습니까!

야마모토: 그러게 말입니다(웃음).

나카가와: 나카가와, 야마모토, 야스다 세 사람은 반일
활동을 하는 공작원이고, 후지TV와 한국으로부터 지
원을 받고 있다는 소문이 떠돌고 있습니다. 그런 말들
이 하루가 멀다 하고 인터넷에 올라오면, 정말 그런가
하고 나도 모르게 순간적으로 생각할 때도 있습니다.
그래서 한번은 어머니께 전화를 드려서 "저, 한국인이
에요?"라고 여쭤 봤더니 "그럴 리가 있겠니?"라는 대
답이 돌아오기도 했습니다만……

야스다: 내 성 '安田(야스다)'는 재일 코리안의 통명으로

많이 쓰이는 성입니다.

나카가와: 그렇습니다. '안(安)'이라는 성씨의 사람들이 통명으로 많이 사용합니다. 나와 야마모토도 성이 좌우 선대칭이어서, 넷우익의 논리대로라면 재일 코리안의 통명이 되는 셈입니다(웃음).

야스다: 넷우익이 나에게 자주 하는 말 중의 하나가 바로 '국적을 대라!'고 하는 것입니다. 굳이 그래야 한다면 호적 정도는 공개해도 무방하다고 생각합니다만……. 그런데 '일본인입니다'라고 대답하면 '귀화한 거겠지!'라는 반응이 돌아옵니다.

그들의 입장에서 보면 '재일'은 하나의 기호라고 생각합니다. '야스다는 재일이다'라고 말함으로써 일종의 안도감을 느낀다고나 할까요? 나도 내가 정말 재일이었으면 하는 생각을 할 때가 있습니다. 그러면 그들도 진심으로 안심할 수 있을 테니까요.

야마모토: 나는 진짜 재일입니다.

나카가와: 정말로 그렇습니까?

야마모토: 나는 재일 러시아인 혈통인 것 같습니다. 그렇지만 그게 무슨 상관이 있겠습니까? 넷우익에게 '나는 중국인도 한국인도 싫습니다'라고 말하기만 하면 그것으로 이야기는 끝나는데요(웃음).

사쿠라이 요시코와 고바야시 요시노리에게
배신당했다

야스다: 이 책을 출판하게 되면, 다카라지마사도 재일의
지배를 받고 있는 것이 아니냐는 식의 말들이 나올 겁
니다.

야마모토: 실제로 '넷우익 망국론'을 특집으로 내보낸
『SAPIO』(2012년 8월 22·29일호)의 경우 '『SAPIO』에게
실망했습니다'라는 투서가 편집부로 날아들었다고 합
니다.

나카가와: 우리 세 사람도 그 특집에 얼굴을 내밀었으니
까요.

야스다: 그 특집 때문에 제일 많이 얻어맞은 것은 우리
세 사람이 아니라, 사쿠라이 요시코(櫻井よしこ)[1]와 고
바야시 요시노리(小林よしのり)[2]입니다. 넷우익 입장에
서는 배신감을 아주 많이 느꼈을 겁니다.

야마모토: 아니, 그게 무슨 소리란 말입니까(웃음)?

야스다: 야마모토와 나카가와 두 사람은 '넷우익은 좀
어떻게 안 될까?'라고 항상 말하고 있고, 나 역시 언

---

1 저널리스트. 전 뉴스 캐스터. 국가 기본 문제 연구소 이사장. 보수 논객.
2 만화가. 평론가. 요시린(よしりん) 기획 사장.

제나 확고한 모습을 보이고 있습니다. 따라서 그런 우리가 『SAPIO』에서 넷우익을 비판한들 그건 당연한 일인 겁니다. 아마 넷우익은 '바보 같은 세 놈이 또 뭔가 지껄이고 있네' 하고는 별 신경도 안 쓸 겁니다.

그렇지만 사쿠라이 요시코와 고바야시 요시노리에 관해서라면 이야기가 달라집니다. 이들의 영향을 받아서 넷우익 활동을 시작한 사람들이 많고, 또 넷우익의 자원 자체가 그들 주위의 사람들인 경우도 있지 않습니까? 그렇다면 역시 강한 배신감을 느낄 수밖에 없을 겁니다. 또 증오심도 강해질 것이 확실합니다.

반후지TV 데모도 그렇습니다. 만약에 그것이 TBS나 니혼TV였다고 한다면, 그렇게까지 데모가 커졌을까 하는 의문도 듭니다. 그만큼 후지TV는 가장 대중적인 방송국이자 '우리의 TV'였던 겁니다.

나카가와: 그렇습니다. 「오레타치 효킨족(オレたちひょうきん族, 우리는 익살꾼)」을 방영하던 1980년경부터, 후지TV라는 존재는 그런 확고한 자리매김을 한 방송국이었습니다.

야스다: 실제로 반후지TV 데모에 참가한 사람과 인터뷰를 해 보았더니, 그때도 '후지TV에게 배신당했다'라는 답변이 많았습니다. 애초부터 용공(容共)·친한 노

선의 방송국이었다면 아무렇지도 않게 생각했을 텐
데, 후지TV의 경우에는 '우리의 TV를 빼앗겼다'라는
의식이 아주 강했던 것 같습니다. 그래서 반후지TV
데모가 그렇게까지 커진 것이 아닌가 생각합니다.

왜 음모론으로 빠져드는가

야스다: 그런데 2012년 11월에 주범격인 스미다 미요코
용의자가 체포된 효고 현 아마가사키 시의 연속 시체
유기 사건이 있었지 않습니까? 그때 당시 연일 사건
이 보도되는 가운데, 용의자로 이정칙이라는 이름이
처음 나오자마자, 신바람이 나서 나에게 전화를 걸어
온 재특회 회원이 있었습니다.

"그것 보세요, 야스다 씨! 역시나 재일이 관련되어 있
지 않습니까? 재일이 관련되지 않고서야 이런 사건은
일어날 리가 없습니다"라고 한참 들떠서 말을 걸어왔
던 기억이 있습니다. 그들은 즐기고 있는 겁니다. '그
것 봐!'라는 식으로 빠져들고 있는 겁니다.

중대한 사건에는 언제나 재일이 관련되어 있다고 믿
습니다. 그러고는 '그것 봐, 역시!'라는 태도를 보입니
다. 그들은 일본의 어두운 구석이나 혹은 블랙박스를

여는 열쇠가 모두 재일에게 있다고 맹신하고 있습니다. 한마디로 망상증입니다.

야마모토: 차별 의식이라는 것은 바로 그런 부분에서부터 시작되는 것이 아닐까 합니다. 단순 명쾌한 것이 요구되는 상황에서, 모든 것을 설명할 수 있는 통일된 음모론이 필요했을 겁니다.

다만 그들의 음모론이 문제가 되는 것은 사실관계에 대한 최소한의 검증조차도 없이 바로 그 음모론에 의존해 버린다는 점에 있습니다. 음모론이 존재하지 않으면 인격이 파탄되어 버리는 것이 아닐까 할 정도로, 그것 이외에는 아무것도 없는 것입니다.

야스다: 그렇게 해서 겨우 자아를 유지하는 것은 아닐까요?

나카가와: 정신병이 아니냐고 이전부터 말씀하신 것으로 알고 있습니다.

야스다: 조금 의미가 다릅니다. 다만, 심리적인 문제가 있어 보이는 사람들이 적지 않은 것은 사실입니다. 예를 들면 일을 안 한다든지, 일을 할 수가 없다고 말하는 사람들이 있습니다.

야마모토: 넷우익 중에는 적지 않은 사람들이 일을 하지 않고 있는 것 같습니다. 리서치 회사가 패널 조사

를 해 오고 있습니다만, 그 조사 결과가 아주 흥미롭습니다.

넷우익을 자칭하는 사람들은 2채널의 '특아판(特ア板, 한국·북한·중국 등 특정 아시아에서 발생한 뉴스를 취급하는 게시판)'이나 '기혼 여성판(기혼 여성이 이용하는 게시판)'에서 주로 활동하고, 대부분의 열람 시간은 낮 시간 동안이며, 자택의 컴퓨터를 이용한다고 합니다. 또 하루 중에서 인터넷을 하는 데 사용하는 시간이 평균보다 현저하게 길다는 결과도 나왔습니다. 대낮에 컴퓨터나 만지작거리지 말고, 그 시간에 일을 하면 어떨까 싶습니다.

그런 환경에 놓인 사람들이 음모론으로 도피해 가는 과정은 아주 뻔합니다. 결국 딱히 다른 방도가 없는 겁니다.

생활은 어렵고, 가정 또한 원만하지 않습니다. 그렇다면 일은 잘 하고 있는가 하면, 아예 처음부터 일이 없는 경우가 대부분입니다. 그런 가운데 자신의 스트레스나 자기 스스로에 대한 혐오 의식을 인터넷에 투영시키는 겁니다. 그 결과 누군가를 공격하고 싶은 충동에 사로잡히게 되고, 또 그것은 다시 넷우익 활동으로까지 연결되어 가는 것입니다. 이것은 그들 자신의 문

제라기보다는 일본 사회의 폐쇄성이 가져온 결과가
아닌가 하는 생각이 들기도 합니다.

나카가와: 버블 경제가 무너지지 않았다면 넷우익은 생
겨나지도 않았을 겁니다.

야마모토: 그것은 그럴 것 같습니다. 다만 당시에도 배
금주의를 싫어하는 사람들이나, 버블 경제라는 시대
상황 속에서 마음의 병을 앓는 사람들도 있었을 것이
라고 생각합니다. 그때 만약 인터넷이 있었다면 '은행
은 괘씸하기 짝이 없다'라든가, 그와 유사한 나름대로
의 음모론 같은 것이 역시 등장하지 않았을까요?

외국인 노동자는
'손님'에서 '귀찮은 존재'로

야스다: 나의 경우는 버블 경제가 붕괴하기 시작하던
1990년대 전반부터 외국인 노동자들을 취재해 왔습니
다. 물론 당시에도 여러 가지 차별이 있기는 했지만,
어디까지나 외국인 노동자는 '손님'이었습니다. 이른
바 3D 업종에 종사하며 저임금 노동을 도맡아주는 존
재로서 '손님'으로 대우한다는 암묵적 룰이 있었습
니다.

그러나 버블 경제가 붕괴하고 불경기가 계속된 데다가 결정적으로 리먼 쇼크가 터지면서, 외국인 노동자들이 점차 자신들의 권리를 주장하게 되었습니다. 그러자 이제는 '손님'이 아니라 '귀찮은 존재'가 되어 버린 겁니다.

그런 분위기 속에서, 외국인에게 모든 불리한 부분을 떠넘김으로써 어떻게든 자신의 자아를 유지하려고 하는, 넷우익의 구도가 만들어지게 된 것이라고 생각합니다.

야마모토: 외국인 차별도 음모론도 결국은 자신의 일이 잘 되지 않는 것에 대한 방어 행위입니다. '내 일이 잘 풀리지 않는 것은 저놈들 탓이다'라고 책임을 전가하지 않으면 견딜 수 없는 겁니다.

90% 정도는 본인의 노력 부족이 원인일지도 모르는데, 그것만큼은 절대로 인정하고 싶어 하지 않습니다. 넷우익의 언동을 보고 있자면, 어딘가 모르게 그런 자기모순과 갈등이 느껴집니다.

나카가와: 그런데 왜 원망이 극히 소수에 불과한 재일에게 향하는 것입니까? 재일이라고 해봤자 50~60만 명밖에 안 되지 않습니까?

야마모토 넷우익 중에서 실제로 활동하고 있는 사람은 10만 명 전후입니다. 그리고 인터넷에 올라온 내용을 읽으려고 접속하는 사람은 100만 명 전후로, 이것은 전체 인터넷 인구의 2% 정도에 해당합니다. 2채널의 '특아판'이나 '기혼 여성판'에는 40만 명 정도가 모여 있습니다만, 여기에서 단순히 정보 수집만을 목적으로 접속하는 사람들을 제외하면, 넷우익의 속성을 가지고 넷우익 활동을 하고 있는 사람들의 수는 대략 10만 명 전후가 될 것으로 판단됩니다.

한편 이러한 10만 명의 넷우익이 공격 대상으로 삼고 있는 재일 사회는 그 수가 대략 45만 명입니다. 인터넷 언론이라는 측면에서 보면 의외로 균형을 이루고 있다고 해야 할 것입니다.

데이터가 나와서 말입니다만, 넷우익이 압도적으로 많은 것은 서일본(西日本)입니다. 효고, 오카야마(岡山), 히로시마 등지가 넷우익의 발상지로 여겨질 만큼 편중되어 있습니다.

그 이유로는 그들의 생활 기반 속에 잠재되어 있는 차별 의식을 들 수 있지 않을까 합니다. 바로 이 부분이 인터넷상에서도 그대로 표출되고 있는 것은 아닐까요? 가설이기는 합니다만, 어쨌든 흥미로운 데이터입니다.

러시아의 넷우익

야스다: 재특회의 활동만 보더라도 역시 간토(関東) 이
서 지방에 집중되어 있습니다. 아오모리(青森) 지부나
야마가타(山形) 지부도 있기는 합니다만, 재일의 수가
절대적으로 적은 아오모리나 야마가타에서 특별히 할
만한 일이 있겠습니까(웃음)?

그렇기 때문에 간토 이동 지방에서는 '재일은 적이다'
라는 구호는 아무런 실태도 동반하지 못하는 헛구호
가 되어 버린 상태입니다. 일상생활이나 사회생활에
서 쌓이는 모든 불만의 원인을 재일에게 돌리면서 자
아를 유지하는 데 급급할 뿐입니다.

그러나 간토 이서 지방에서는 사정이 좀 다릅니다. 야
마모토가 말했듯이, 일상적으로 피차별 부락이나 재
일 커뮤니티를 접하는 가운데, 말도 안 되는 이상한
논리에 빠져 버린 부분이 있다고 생각합니다.

예를 들면 '지금 우리가 불우한 처지에 놓이게 된 것
은 재일이 여러 지역에서 권력을 장악하고 있기 때
문이다', '재일이 매스컴을 통제하고 있기 때문이다',
'현재의 교육은 일교조(日教組)의 손에 의해 왜곡된 내
용들로 가득 차 있다'는 등의 논리입니다. 그러나 교

육 문제 하나만 놓고 보더라도 말이 되지 않습니다.
일교조의 조직률이라고 해봐야 그리 대단한 것이 아
니기 때문에, 어디까지나 과대망상적인 논리에 지나
지 않는다고 하겠습니다.

문제는 망상의 근거가 되는 작은 사실들이 서일본에
서는 아직도 존재감이 강하다는 것입니다. 그런 작은
사실들을 과도하게 부풀려서, 말도 안 되는 논리를 만
들어내고 있습니다.

야마모토: 물론 중국의 인터넷에도 상당히 유사한 면은
있습니다. 중국인들 사이에서도 '일본인들이 옛날에
못된 짓을 했기 때문에, 지금 우리가 이렇게 불우한
것이다'라는 식의 말이 떠돌고 있습니다.

한편 러시아는 러시아대로 '이렇게나 많은 중국인이
들어와 있기 때문에 우리의 일자리가 없는 것이다'라
는 말이 나돌고 있습니다. 소수민족인 제3자에 대해
이해를 보이기보다는 책임을 전가함으로써 자신을 위
로하려는 그런 움직임은 어느 사회에서나 볼 수 있는
공통된 현상이라고 하겠습니다.

다만, 일본이 다른 나라와 명확히 구별되는 점은 대부
분이 인터넷에서만 떠들어댈 뿐, 설사 그렇지 않은 경
우라 하더라도 기껏해야 데모를 하는 정도라서, 실제

로는 박해를 가하는 일이 없다는 것입니다. 예를 들면 러시아에 가보면, 중국인이 얻어맞고 있는 장면을 자주 목격할 수 있습니다. 러시아에서는 '중국인들은 괘씸하기 짝이 없다'고 생각하는 러시아인들이 '우리의 시장을 어지럽히고 있기 때문에 두들겨 패는 것이 당연하다'는 논리를 내세우면서 실제로 박해를 가하고 있는 것입니다. 그들은 인터넷에서 실컷 떠들고 난 뒤에는 곧바로 구체적인 행동으로 들어갑니다. 누군가가 '중국인이 새로 노점을 냈으니까 습격하러 가자!'라고 인터넷에서 분위기를 띄우면, 모두가 '좋아!'라고 호응하고는 함께 모여서 실제로 습격하러 갑니다. 서로 주먹다짐을 하고 피투성이가 되어 버리는 것이 러시아의 넷우익입니다.

그것과 일본의 현상을 비교해 보면, 일본은 아직은 과격하지 않은 편입니다. 구체적인 활동으로 들어갔다가는 자기 자신의 인생 또한 정말로 끝장날지도 모른다는 공포감이 아직은 남아 있습니다.

일본의 넷우익은
아직도 미숙

야스다 좀 거칠게 표현하자면, 국제적 인종차별주의의 기준에서 볼 때 일본은 아직 미숙한 단계라고 하겠습니다. 예를 들면 독일의 신나치주의와 일본의 넷우익을 비교하고 싶어 하는 사람들이 있습니다만, 넷우익은 신나치주의의 수준에는 훨씬 못 미치는 상태입니다.

나카가와 나는 1980년대에는 미국에 있었습니다만, 그때 당시에는 전부 싸잡아서 '황색 인종은 죽어라!'라는 분위기였습니다. 한국, 북한, 중국, 타이완, 일본 등 누구 하나 가릴 것 없이 전부 나가 죽으라는 겁니다.

내가 다니던 고등학교 로커에도 'FUCK YOU JAP! GO BACK TO WHERE YOU FUCKIN' BELONG BEFORE WE BOMB YOU AGAIN!'이라는 낙서가 쓰여 있었습니다. 번역하자면 '바보 같은 일본 놈들아! 우리가 다시 한 번 원폭을 떨어뜨리기 전에 빨리 너희 나라로 꺼져 버려라!'라는 말이 됩니다만, 당시의 미국은 이렇게 살벌한 문구가 로커에 낙서될 정도로 험악한 사회였습니다.

상대에 따라서 'JAP'이 'CHINK(중국인에 대한 멸칭)'로
바뀔 뿐입니다. 그만큼 '황색 인종은 죽어라!'와 같은
격렬한 차별 의식이 만연해 있었습니다. 미국인들은
중국인이나 일본인들 머리에 불을 붙이는 등의 테러
행위를 저지르곤 했는데, 이러한 것이 바로 인종차별
주의의 전형이 아닐까요?

야마모토 동유럽을 여행할 때도 신변의 위협을 느낍니
다. 2012년 8월에는 루마니아에서 한 일본인 여대생이
살해당하는 사건도 일어났습니다만, 그런 일이 발생
해도 조금도 이상하지 않을 정도입니다.

인종차별주의는 범죄를 동반하는 것이 일반적입니다.
정치적 언론 수준에서는 근본적인 문제점이 제기되기
도 합니다만, 현실과의 괴리를 고려해 본다면 한참 부
족한 수준이라고 하겠습니다.

루마니아에 갔을 때 부쿠레슈티(Bucuresti) 공과대학 학
생들과 이야기를 나눌 기회가 있었습니다. 당시 학생
들은 "일본은 어떻게 해서 그렇게 차별이 없을 수 있
는 겁니까?"라며 의아해했습니다. 그래서 "차별은 있
습니다. 코리안이 싫다는 사람들이 아주 많아서 큰일
입니다"라고 설명하자, 일본에 유학한 경험이 있는 한
학생은 "한국인들은 아무런 문제 없이 가게에서 일하

고 있었습니다. 심지어 카운터 일도 맡아서 하고 있던
데, 무엇이 차별이라는 말입니까?"라고 반문하기도
했습니다.

루마니아 같은 곳에서는 예를 들면 세르비아인이 가
게의 카운터를 맡고 있으면, 밀고 들어가 구타하고 가
게의 돈까지 빼앗아 간다고 합니다. 그들의 기준에서
는 그 정도는 해야지 차별인 것입니다. '그것에 비하
면 일본인은 참 좋은 사람들이다'라는 것이 그 학생의
말이었습니다.

차별을 한다는 자각이 없다

야스다 일본의 넷우익이 실제 행동으로 옮기는 짓이라
고 해봐야 신오쿠보에 몰려가서 한국인 유학생에게
시비를 걸거나, 집단으로 모여들어 노인들을 추궁하
는 정도입니다. 그렇다고는 하지만 그것도 또한 추악
한 폭력임에는 틀림이 없습니다. 인터넷상의 언어폭
력도, 상처받은 사람들의 심정을 헤아린다면, 나는 절
대로 용서할 수 없습니다.

애초부터 넷우익에게는 자신들이 누군가를 차별하고
있다는 차별자로서의 자각이 없습니다. 오히려 자신

들이야말로 차별을 받는 피차별자라고 생각하고 있습니다. 그러나 신나치주의자는 실제로 접촉해 보면, 자신들이 차별자라는 사실을 자각하고 있다는 것을 분위기상 감지할 수 있습니다.

여기에서 잠시 넷우익의 피차별자 의식의 전형적인 예로서 재특회에 대해 이야기해 볼까 합니다. 다들 아시다시피 그들은 교토의 조선학교를 습격한 일이 있습니다. 당시 조선학교와 지역 단체는 유엔의 인종차별 철폐 위원회에 공문을 보내 이의를 제기했고, 그러자 이에 대해 재특회는 문서를 통해 반론을 전개했습니다.

그것을 읽고 나는 웃고 말았습니다. '우리는 피차별자다. 과거 남아프리카공화국의 극단적인 인종 격리 정책인 아파르트헤이트(apartheid)에 대해 여러분은 알고 있는가? 소수의 백인에 의해 다수의 흑인들이 학대당한 역사가 있다. 일본에서는 지금 바로 그것이 일어나고 있다. 소수의 재일이 다수의 일본인을 억압하고 차별하고 있다. 재일에게 토지를 빼앗기고 언론을 빼앗기고 권력을 빼앗기고 있다'는 것이 반론의 내용이었습니다. 그들은 자신들의 입지를 남아프리카공화국의 흑인들과 동일시했습니다.

따라서 넷우익들은 언제나 자신들이 피해자인 것입니다. 그들의 시위 구호나 데모를 보고 있으면, 항상 피해자 의식이 깔려 있는 문구가 많습니다. '빼앗긴 토지를 반납하라!'라든지 '무임승차한 복지를 일본인 손에 돌려놔라!'라는 식입니다. 이와 같이 무엇인가를 빼앗겼다는 의식이 먼저 작동하는 것을 보면, 피해자 의식이 얼마나 큰지를 짐작할 수 있을 것입니다. 엄청나게 왜곡된 인종차별주의라고 생각합니다.

넷우익의 미디어에 대한 압력은
무시할 수 없게 되어 버렸다

나카가와 그렇게 생각한다면, 넷우익에 편승한 보수 정치인이야말로 정말로 문제가 있는 것은 아닐까요? 예를 들면 아베 신조는 페이스북에서 한결같이 넷우익에게 아첨하는 발언만 일삼고 있습니다.

넷우익도 아베를 지지하면서 '아베 씨를 비판하는 미디어는 반일이다'라고 주장합니다. 또 아베가 총리대신직을 사퇴한 것과 관련해서도 '반일 매스컴에 의한 네거티브 캠페인의 결과'라는 논리를 펼칩니다. 한편 아베에 대해 비판적인 미디어에 대해서는 집단으로 몰려가서 항의하는 모습을 보이기도 합니다.

야마모토 미디어에 대한 넷우익의 압력은 이제 무시할 수 없는 단계에 이르렀습니다. 아베가 총리대신을 그만 둔 2007년과 비교해 보면, 지금은 미디어와 인터넷의 관계가 역전되어 있다고 할 수 있습니다. 한마디로 미디어 측이 넷우익의 언동을 고려하지 않으면 안 되는 상황인 것입니다. 그렇기 때문에 보수 정치인도 넷우익이라는 존재가 자신에게 힘이 된다는 생각에서, 비위를 맞추는 것이라 하겠습니다.

넷우익 자체는 소수파지만, 미디어에 대한 영향력뿐만이 아니라 미디어의 광고주에 대한 영향력 또한 매우 크다는 점에서, 정치인도 의식하지 않을 수가 없을 겁니다. 상징적인 케이스가 바로 가오의 경우입니다. 2011년 9월에 일어난 반가오 데모의 결과, 실제로 가오의 매출이 떨어지는 사태가 발생했습니다.

넷우익이 행동으로 옮기면, 일정 부분 영향력을 발휘하게 된다는 점을 광고주도 알게 되었기 때문에, 굳이 긁어 부스럼을 만들지는 말자는 식이 되었다고 생각합니다.

데모에 참가하는 여성은
과거의 주부 연맹과 같다

야스다 반후지TV나 반가오 데모 같은 것은 실은 아주
　시시한 사안에 불과합니다만, 내가 취재하러 갔을 때
　기업의 홍보 담당자는 쩔쩔매는 모습을 보이고 있었
　습니다.

　단언하건대, 그런 식의 데모 따위는 일축해 버려도 된
　다고 나는 생각합니다. 그런데 의외로 기업 측은 정
　말로 안절부절못하는 모습이었습니다. 아마도 시시해
　보이는 데모이기는 하지만, 실제로 기업에 끼친 영향
　은 매우 컸을 것으로 생각됩니다. 현재 그렇게까지 기
　업에 영향을 줄 수 있는 시민운동은 없다고 할 수 있
　습니다.

　그리고 데모를 취재하면서 또 한 가지 놀란 사실은 여
　성들이 많았다는 것입니다. 특히 유모차를 끌고 데모
　에 참가한 여성들이 매우 많았으며, 또 그들은 모두
　일장기를 손에 들고 있었습니다. 슬로건도 '아이들을
　지키자!', '아이들의 장래를 위해!' 등과 같이 모성애
　가 진면에 드러나 있다는 점에서 인상적이었습니다.

　나는 문득 데모에 참가한 여성들에게 일장기 대신 주
　걱을 들게 하면, 그 모습은 과거의 주부 연맹과 다를

바 없을 것 같다는 생각을 했습니다. 또 소비자 운동과 같은 색깔을 띠고 있다는 점에서 오히려 더 무섭다는 생각도 들었습니다.

야마모토 요즘은 자녀를 둔 여성이 넷우익 활동에 가담하거나 원자력 발전에 반대하는 데모에 참가하는 등 상당히 활발한 모습을 보이고 있습니다. 그런데 흥미로운 사실은 예를 들면 총리대신의 관저 앞에서 열린 원자력 발전 반대 데모를 보면, 데모 활동 경험이 없는 여성이 대거 참가하고 있다는 점입니다. 여성의 참가율이 7%를 넘는 것을 보면 상당히 높은 편입니다. 지금까지 여성의 참가율이 5%를 넘은 경우는 '베트남에 평화를! 시민 연합'이나 소비자 운동 계통의 데모 활동 정도였습니다.

이러한 원자력 발전 반대 데모나 넷우익 관련의 데모에서 내가 가장 두렵게 생각하는 것은 바로 주모자가 없다는 점입니다. 데모가 자연 발생적으로 일어나 전개되는 가운데, 리더로 지목받은 사람들은 과거에 데모에 참가해서 활동을 해 본 이력이 없습니다. 결국 지금까지의 상식에 근거해서 보면, 도대체 그들은 무슨 목적으로 데모에 참가하고 있는 것인지 전혀 이해할 수가 없는 것입니다.

야스다 그렇다면 기업으로서도 늘 그래 왔듯이 상대의
보스와 마주 앉아 협상한다는 것 자체가 불가능할 수
밖에 없을 것입니다.

야마모토 어떤 의미에서는 중국의 천안문 사건과 같다
고도 하겠습니다. 그때 당시에도 특별한 정치적 목적
이 없는 학생들이 핵심에 있었습니다.

야스다 원자력 발전 반대 데모에 참가하는 사람이 다
른 한편에서는 넷우익 활동에 참가하는 경우도 있습
니까?

야마모토 두 가지 활동을 병행하는 경우는 없습니다.
원자력 발전 반대 데모에 참가하는 사람은 반권력적
성향을 가지고 있습니다. 반면에 넷우익은 반권력에
반대합니다. 그 때문에 넷우익은 반권력 활동인 원자
력 발전 반대 운동에 대해 비판적 입장을 취하고 있는
것입니다.

단, 그 뿌리는 같을지도 모릅니다. '나는 불우하다'는
현실 인식 속에서, 박해받고 있는 자신 혹은 장래를
위협받고 있는 자신이 어떤 형태로든 행동하지 않으
면, 자신과 자신의 장래 그리고 자신의 아이가 위험해
진다는 발상에서 몸을 던지는 케이스가 많습니다. 상
당한 위기 상황이라고 말하지 않을 수 없습니다. 그만

206

큼 일본의 사회 기반이 흔들리기 시작했다는 의미이
기 때문입니다.

지능이 낮기 때문에
폭력적인 언론이 될 수밖에 없다

야마모토 이렇게 되면 결국에는 넷우익에 대해서, 그들
　　나름의 이념의 축을 세울 수 있도록 해 주는 것이 앞
　　으로 필요한 일이 아닐까 하는 생각이 듭니다. 그들이
　　이상적이라고 생각하는 사회를 논리적으로 재구성해
　　줄 수 있는 간달프(Gandalf)[3]와 같은 사람이 어딘가에서
　　나와 주지 않으면 곤란하지 않겠습니까?

나카가와 그렇기는 하지만 아무리 그래도 그런 일까지
　　하고 싶지는 않습니다.

야마모토 물론 나도 그렇게 하고 싶은 생각은 없지만,
　　바보를 바보인 채로 그대로 방치할 경우, 까딱 잘못하
　　면 바이마르 체제를 무너뜨린 나치스와 같은 존재가
　　생겨날 우려도 있지 않을까요?

　—바보라고 해야 할지 어떨지 잘 모르겠습니다만, 넷우

---

3 『반지의 제왕』을 비롯하여, 톨킨(Tolkien)의 소설에 자주 등장하는 방랑의 마
　법사로 각지에서 사람들에게 힘을 빌려주는 현자다.

익의 언설 자체가 온통 모순투성이라는 것만큼은 확실해 보이는군요. 도대체 왜 그렇게 되어 버리는 것입니까?

야마모토 지능이 낮다고밖에는 달리 그 이유를 찾을 수가 없습니다. 논리적으로 생각할 능력이 없다고 해야 할 것입니다.

논리적으로 생각할 힘도, 생각한 것을 다른 사람들에게 표현할 힘도 제대로 갖추고 있지 못하기 때문에, 결과적으로는 폭력적인 언론이 될 수밖에 없습니다. 동시에 행동 면에서도, 데모에 참가한다거나 혹은 인터넷에서 타인을 매도하는 수준에 머물러 있을 수밖에 없습니다.

야스다 그것과 관련해서 내가 가장 많이 듣는 것이 바로 '인터넷에서 진실을 알았습니다'라는 말입니다.

물론 인터넷에는 진실도 있고 오류도 있고, 또 그 밖에도 여러 가지 것들이 있다고 생각합니다. 그러나 그들의 입장에서 보면 진실은 모두 인터넷 안에 있습니다. 바로 그 안에서 '눈을 뜨게 되었습니다'라고 말하고 있는 것입니다.

결국 정보의 소스는
기존의 미디어

나카가와 그 반대편에 있는 것이 그들이 말하는 쓰레기 매스컴, 즉 매스고미입니다.

야마모토 그래도 리소스를 제공하고 있는 것은 결국 통신사나 신문사가 아닙니까?

야스다 그렇습니다. 인터넷 정보라 하더라도 결국 리소스로 여겨지는 것은 모두가 기존의 미디어에서 나온 것입니다.

야마모토 조금 더 말하자면, 넷우익은 『산케이신문』은 지지해도 후지TV는 부정합니다. 그러나 자본 관계나 논설위원의 교류라는 측면에서 『산케이신문』과 후지TV는 서로 연관이 깊습니다. 논설위원의 교류가 깊은 만큼, 보도에 관해서는 앞으로 일정 부분 같은 방향을 지향하게 되지 않을까요? 더욱이 후지TV의 오타 히데아키(太田英昭) 부사장은 『산케이신문』의 사외 이사를 겸하고 있습니다.

자본 관계나 인재 교류의 측면에서 어느 정도의 일체감을 형성하고 있는 후지 미디어 홀딩스(FUJI MEDIA HOLDINGS, INC. 후지산케이 그룹의 사업을 총괄하는 지주회사)조차도, 후지TV는 '악'이고 『산케이신문』은 약간 '선'이라고 평가하는 것은 웃기는 일이 아닐 수 없습니다.

나카가와 아사히는 좌익이고 산케이는 우익이라는 기본적인 사실조차도 제대로 모르고 있는 겁니다, 그놈들은!

야마모토 다만 매스고미를 비판하는 내용 가운데는 의미 있는 지적을 하는 경우도 확실히 있습니다. 예를 들면, 실제로 '군 위안부' 문제와 관련하여 『아사히신문』이 오보를 한 것은 뒤집을 수 없는 사실이기 때문입니다.

넷우익이 제대로 언론을 보고 분노한 상태에서 반아사히 활동에 나서는 것이라면, 그것은 상당히 설득력이 있다고 할 수 있습니다. 그러나 논리적인 면에서 수긍이 가는 그런 활동은 너무나도 적습니다.

나카가와 나는 머리 좋은 넷우익들만 활동을 했으면 합니다. 멍청한 넷우익은 발목만 잡을 뿐이니까 아무 짓도 하지 말라고 하고 싶습니다.

야마모토 발목을 잡고 있다는 자각조차도 아예 없습니다. 그 점이 바로 골칫거리인 것입니다.

국가를 걱정한다면서
지역에 대한 시점이 없다

— 넷우익이 반매스고미 활동을 전개하는 주요 싸움터는
2채널과 트위터 등 상당히 다양한 것으로 알고 있습니
다만, 그중에서도 특히 트위터에서 활동하는 넷우익
에 대해서는 어떤 생각을 갖고 계신지 말씀해 주시겠
습니까?

야스다 트위터에는 '히노마루(日の丸)'가 붙어 있는 아
이콘을 사용하는 사람들이 있는데, 이 사람들은 대체
로 말하는 내용이 비슷합니다.

야마모토 아이콘에 대해서 말하자면, 히노마루를 붙여
사용하는 클러스터와 애니메이션 얼굴 모양을 사용하
는 클러스터는 기본적으로 문제가 있습니다.

나카가와 바보들입니다. 히노마루를 붙인 바로 그 시점
부터 바보로 인식된다는 사실을 모르는 것 같습니다.

야스다 히노마루 이외에는 무언가 과시할 만한 것을 갖
고 있지 못한 사람들이 아닐까요? 세상에는 자신이
어떤 존재인지를 설명할 수 있는 사람과 설명할 수 없
는 사람이 있다고 생각합니다. 그리고 대체로 아무것
도 없는 사람이나 자신을 설명할 수 없는 사람의 경

우, 갑자기 국가적·민족적 방향으로 달려가는 경향이
있습니다. 이런 점에 대해서는 재특회 등을 취재하는
과정에서 강하게 느낀 바 있습니다.

사람은 누구나 자신만의 이야기를 갖고 있습니다. 그
러나 자신에게는 아무런 이야기도 없다고 느끼는 사
람도 있습니다. 아니, 어쩌면 이야기를 들려줄 만한
역량이 없을 수도 있을 겁니다. 특히 그런 사람들에게
는 국가나 민족이라는 주제가 아주 편안하게 느껴지
지 않을까요?

그들은 국가에 대해서는 열정적으로 말하지만, 지역
이나 가족에 대한 이야기는 전혀 하지 않습니다. 나는
'국가가 그렇게도 걱정된다면, 우선 네가 사는 지역의
신사(神社)부터 청소해라'라고 말해 주고 싶습니다만,
실제로 그렇게 하는 넷우익은 없습니다. 지역에 대한
시점이 전혀 없기 때문입니다.

야마모토 오히려 그들은 지역으로부터 떨어져 나왔습
니다. 지역이나 직장과 분리되어 있는 겁니다. 어쩌면
가정과도 단절된 상태일지도 모릅니다.

야스다 '가족들이 이 활동을 알고 있거나, 온정의 눈으
로 바라보고 있는가?'라는 질문에 대해, 재특회 멤버
중에서 'YES'라고 대답한 사람은 한 사람도 없었습니

다. '가족에게는 말하지 않는다', '가족에게는 말할 수
없다', '가족에게 말했다가 혼났다'는 등의 반응을 보
이는 사람들뿐이었습니다.

야마모토 가족에게도 인정받지 못하는 상황이라면, 적
어도 '자신들이 얼마나 수치스러운 존재인지'에 대해
서는 어느 정도 알아차려야 마땅한 것 아닐까요?

인터넷은 '집단 히스테리를
일으키는 장치'로 변해 가고 있다

야마모토 결국 웹(web)은 멍청한 사람들이 서로 연결되
어 가는 과정을 증폭시키는 역할을 한다고 할 수 있습
니다. 멍청한 사람끼리 모여서 의견을 나누고 보강함
으로써 견고한 그릇된 신념을 만들어냅니다. 그러고
는 그런 신념 아래에서 결속된 모습을 보여 줍니다.
적어도 그럴 가능성은 있다고 생각합니다.

요컨대 인터넷은 군집 심리를 만들고 있는 것입니다.
자신들에게 유리한 것만을 골라 모아서, 서로 돌려 보
고는 마토메 사이트에 올립니다. 그런 임의적인 자료
를 근거로 '그러니까 그들은 반일이다'라고 스스로를
납득시키고 또 강화시켜 가는 것입니다.

한마디로 집단 히스테리를 일으켜서, 자신들의 생각을 보강해 주는 자료 이외에는 받아들이지 않는 상태로 전락해 버린 셈입니다. 물론 집단 히스테리를 일으키는 인터넷 자체에도 문제가 있는 것은 당연합니다. 게다가 최근에는 인터넷이 점점 더 그런 방향으로 무게 중심을 이동시켜 가고 있습니다. 무익한 인간 클러스터가 여기저기에서 생겨나서는 그들 상호 간의 정보 유통을 확산시키고 있는 것입니다. 그렇게 되면 날조를 비롯한 여러 가지 부정적인 정보가 양산될 수밖에 없습니다.

— 인터넷이 어리석은 사람들을 활개 치도록 만들고 있는 셈이군요.

야마모토 글쎄요, 그들을 어리석은 사람 취급하는 것만으로는 모든 것이 해결될 수 없다고 생각합니다. 그들은 생활의 곤란을 호소하거나 이상과 현실 사이의 격차에 괴로워하는 모습을 보이곤 하는데, 이와 같은 문제에 대해서는 무엇인가 다른 차원에서의 해결 방법을 모색해야 한다고 생각합니다.

아무리 일자리를 찾아보려고 돌아다녀도 찾지 못하고, 또 일을 하고 싶어도 할 수 없는 사람은 '내 일자리는 분명히 누군가 다른 사람에게 빼앗긴 것이 틀림

없다'는 피해 의식을 갖는 것이 일반적입니다. 이와
같은 현실은 우리가 아무리 넷우익을 부정한다 해도
없어지지 않을 것입니다. 반드시 또 다른 곳에서 등장
할 수밖에 없습니다.

보다 큰 문제를
비판해 주기 바란다

― 넷우익이 갖고 있는 피해자 의식과 그런 의식에서 비
  롯된 음모론에 대해서는 잘 알았습니다. 그렇다면 결
  국 그들의 주장은 모두 망상에 불과한 것인지 궁금합
  니다.

야마모토 아닙니다. 한국은 한국대로 바람직하지 않은
부분이 있습니다. 그 사람들이 하는 일도 상당히 심하
다고 할 수 있습니다.

문화적인 측면에서나 국제 여론을 이용해서 한국이
일본을 공격하고 있는 것은 사실입니다. 한국은 국가
예산을 들여서, 일본인을 폄하하는 활동을 전개할 수
있는 체제를 갖추고 있는 것으로 보입니다. 이것은 분
명히 일본인에게는 좋지 않은 일입니다.

따라서 이러한 상황을 염두에 둔다면, 넷우익은 일본

국내의 재일과 관련한 사소한 문제가 아니라, 한일 양국이 국가적 차원에서 논의해 볼 필요가 있는 보다 큰 사실만을 다루었으면 좋겠습니다. 한국이 쓸데없이 일본을 비하해 온 사실만이라도 우선적으로 비판했으면 합니다.

사실 재일 문제라고 해봐야 파친코 정도입니다. 그렇지만 넷우익이 경찰을 비판하는 것은 본 적이 없습니다. 한마디로 그들은 재일 문제의 본질도 이해하지 못하는 상태라고 해야 할 것입니다.

야스다 파친코 문제에서 가장 비판받아야 할 점은 경찰과의 유착 관계입니다.

야마모토 풍속 영업과 관련한 행정을 비판한다는 관점에서 파친코 문제를 거론한다면, 그것은 건전한 의미에서 재일 문제를 취급하는 좋은 사례가 될 수 있습니다. 그러나 그들은 엉뚱한 말만 해대고 있습니다. '한국인이 파친코 업계에 진출하다니 괘씸하다', '파친코 업계로부터 돈을 받아 애니메이션을 제작하다니 괘씸하기 짝이 없다'는 등의 막말이 바로 그것입니다. 사실 이런 것들이야 어떻게 되든지 상관없는 내용이 아닙니까?

진정으로 재일 문제를 취급하고 싶다면 '경찰은 하루

빨리 파친코와의 유착 관계를 단절하라!'라고 주장해
야 마땅할 것입니다.

조금 더 당당해져라!

— 넷우익에 대해, 진짜 우익은 어떻게 생각하고 있습
니까?

야스다 우익 측에서 보면, 넷우익은 아주 마음에 들지
않는 존재입니다. 이것은 아주 단순한 논리에서 나온
말입니다만, 좀 더 당당해지면 어떻겠느냐는 소리도
있습니다.

야마모토 넷우익 활동을 하고 있는 사람들은 자신들이
하는 활동의 의미나 의의에 대해 제대로 인식하고 있
는 경우가 적다는 생각이 듭니다.

나는 게이오대학(慶応大学)의 자치회 출신입니다. 게
이오대학의 자치회는 체제에 순응하는 쪽이었습니다.
호세이대학(法政大学)이나 메이지대학(明治大学) 등 좌
익 계통의 자치회와는 줄곧 대립했습니다. 다만 서로
간의 의견은 다르지만, 우리 모두에게는 당당하게 활
동하고 있다는 일종의 공감대 같은 것이 형성되어 있
었습니다.

그러나 넷우익의 경우는 다릅니다. 그들은 마치 지평선 저편에 서 있는 것 같은 태도를 보여 줍니다. 그들의 활동에는 절박감이 느껴지지 않습니다. 그들은 '이러한 요구가 받아들여지지 않는다면 우리 인생도 무의미하다'라고까지는 생각하지 않는 것 같습니다.

당당하게 활동한다면 상대방과 대치하더라도 상대방이 말하고 싶어 하는 점을 이해하려고 하는 힘이 생깁니다. 그리고 서로가 그런 힘을 보유한 상태라면 '우리가 서로 다르게 생각하는 점에 대해서 최선을 다해 논의해 보자!'라는 전제가 공유될 수 있을 것입니다. 그러나 지금의 넷우익 활동에 관해서 말한다면, 민족적 활동이나 보수적 활동 모두에 대해서 몸을 던져 가며 최선을 다하고 있다는 감각은 별로 없는 것처럼 보입니다.

야스다 그렇기 때문에 상대방의 의견을 경청하는 자세를 보여 주지 못하는 것입니다. 하물며 그런 의견을 음미할 수 있는 힘인들 있겠습니까? 상대방이 어떤 이야기를 하는 것인지, 무슨 말을 하고 싶은 것인지를 전혀 이해하지 못하는 것입니다. 사물을 음미할 수 있는 힘이 없기 때문에 언제나 절대 긍정 아니면 절대 부정밖에는 없는 것입니다.

야마모토 그렇습니다. 대립하는 상대방의 의견을 존중
하는 마음이 없습니다. 상대방이나 이쪽이나 모두가
다 그만한 자격과 능력이 있는 상태에서 논리적으로
생각한 결과, 어떤 결론에 도달한 것입니다. 바로 그
런 상태에서 의견을 나누고 논의를 거듭해 나가는 것
인데, 넷우익에게서는 그런 모습이 아직 보이지 않습
니다.

야스다 그것은 그들 입장에서는 꽤 높은 장벽으로 생각
될지도 모르겠습니다.

찰나적인 영웅주의

야마모토 현재 넷우익은 어떤 대상을 설정하고 그것은
나쁘다고, 안 된다고 비판하는 태도를 보이고 있습니
다. 그러나 그 대상이라는 것도 따지고 보면 어떤 사
람들이 해놓거나 하고 있는 일이지 않습니까? 그렇다
면 사람이 하는 일인 이상, 거기에는 당연히 어떤 형
태로든 식견이 있고 노하우가 있고 경험이 있는 것입
니다. 따라서 설득이 가능하려면 그에 비견되는 그 이
상의 경험이 있어야만 합니다. 만약 그 이상의 경험이
있다는 자부심이 없다면, 보통의 경우에는 대화 자체

가 성립되지 않는 것이 당연하다고 하겠습니다.

그런데 인터넷이라는 공간에서는 익명성이 보장될 뿐만 아니라, 하고 싶은 대로 말할 수 있는 미디어로서의 특성이 작동하기 때문에 아무런 경험이 없는 상태에서도 상대와 대화할 수 있는 여지가 생겨났습니다. 수준이 다른 양자의 대화가 허용되어 버린 것입니다. 예를 들면, 신문기자가 각고의 노력으로 축적해 온 사실에 대해서 '너희는 매스고미야!'라는 식으로, 느닷없이 아예 뿌리부터 부정해 버리는 것입니다.

야스다 터무니없는 일이기는 하지만, 그래도 말하는 입장에서 기분은 좋을 것 같습니다.

야마모토 아무리 노력해도 이길 수 없는 고학력 엘리트인 데다가 미디어 업계에서 10년 이상이나 종사해 온 베테랑에 대해서 '너희들은 안 돼, 틀렸어!'라고 말할 수 있다는 것만으로도 기분은 좋지 않을까요?

—넷우익은 그런 사람들을 비판함으로써 무엇을 얻으려고 하는 것일까요? 그들 나름대로의 좋은 세상을 만들어 보려고 하는 것일까요?

야스다 넷우익의 발언에서는 '일본 본연의 모습' 같은 것은 보이지 않습니다. 그들의 발언만으로는 그 앞에 무엇이 기다리고 있는 것인지 또 그다음에는 무엇을 목표로 하겠다는 것인지가 전혀 보이지 않습니다.

결국 그들의 문제의식이란, '지금 나는 이렇게나 불우하다', '지금 나는 이렇게나 많은 불만에 싸여 있다'라는 말에서 알 수 있듯이, 어디까지나 '지금'이라는 시점에 한정되어 있는 것입니다.

야마모토 찰나적이라고밖에는 표현할 도리가 없습니다.

야스다 그렇기 때문에 핵심적인 넷우익이 되면 '투쟁하는 자신'에 취해 버리고 마는 것입니다.

나카가와 가족들은 어떻게 생각하고 있을까요?

야스다 앞에서도 잠깐 언급한 바 있습니다만, 오히려 혐오감을 가지고 바라보는 케이스가 압도적으로 많습니다. 문제는 이와 같은 시선이 넷우익을 이상한 쪽으로 몰고 가는 역작용도 한다는 점입니다. 넷우익 중에는 '이해해 주지 않아도 투쟁하는 나' 자신의 모습을 일종의 영웅주의로 합리화시켜 버리는 경우도 있습니다.

야마모토 어떤 의미에서 보면 '우국지사'가 되는 셈입니다.

야스다 또 한편으로는 누군가를 '계몽하고 있는 나'라는 의식도 갖고 있습니다. '뒤늦게 따라오는 대중'보다는 자신이 한발 앞서 있다는 전위 사상인 것입니다. 그런 관점에서 바라보면, 매스고미도 '뒤늦게 따라오는 대중'에 불과합니다. 넷우익 입장에서는 매스고미는 구태의연한 시스템 속에서 살고 있는 체제 순응적인 인간인 것입니다. 전위로서의 넷우익의 앞에서는 매스컴도 대중도 '보수'라는 위치에 자리하게 된다고 하겠습니다.

― 넷우익은 우익도 보수도 아니라는 말인데, 그렇다면 그들은 전위 사상을 지닌 욕구 불만투성이의 집단이 되는 것입니까?

먼저 세금을 내시오

나카가와 그렇기 때문에 넷우익을 내 편으로 만들어 봐야 별로 좋을 것이 없습니다. 정말로 아무런 도움이 안 됩니다.

야마모토 파괴는 잘합니다만, 생산적인 방향으로 관심을 돌리기는 어려워 보입니다.

야스다 지금까지 이야기를 나누며 하게 된 생각입니다만, 우리는 어떤 의미에서 보면 상당히 성실하게 넷우익의 심정을 이해하려고 노력하고 있는 것 같습니다.

넷우익을 이렇게까지 생각해 주는 사람이 과연 있을까요?

나카가와 이 친구들을 어떻게든 해 주고 싶다는…….

야스다 우리는 넷우익을 배제해 버리면 그것으로 그만이라는 식으로는 생각하지 않는다는 점에서 다른 사람들과는 차이가 있는 것 같습니다.

나카가와 그들이 바보 취급을 당하는 채로 내버려 두는 것은 아무래도 불쌍한 일이기 때문에 어떻게 해서든 구제책을 제시해 주려고 하는 것입니다.

야마모토 나는 "너희들 지금 그런 짓이나 하고 있을 처지가 아니잖아?"라고 넷우익에게 말하고 싶습니다. 먼저 세금을 내라는 말입니다.

나카가와 넷우익과 같은 의미 없는 활동은 이제 그만두고, 성실하게 일하라는 것입니까?

야마모토 아니, 의미가 없다고까지는 말하지 않겠습니다. 아까도 말했습니다만, 한국이 국책으로서 일본에 대한 중상 활동을 전개하고 있는 것은 분명한 사실이기 때문에 그것에 대항해서 일본도 일본의 입장을 대외적으로 명확히 주장해 나가는 것이 중요하다고 생각합니다.

그런 관점에서, 넷우익도 영어를 사용할 수 있는 능력

을 갖추었으면 하는 마음이 조금은 있습니다. 한국인이나 중국인이 싫은 것이라면, 다른 외국인 친구들을 많이 만드는 것이 좋지 않을까 합니다.

야스다 넷우익이 가장 못 하는 것은 아마도 국제 연대일 겁니다(웃음). 한편 대외적으로 정보전을 전개한다는 점에서는 한국인이 한발 앞서 있는 것이 사실입니다.

사실은 한국에도 넷우익과 유사한 조직이 있습니다. VANK(Voluntary Agency Network of Korea)라는 조직으로 회원이 7만 명 정도 됩니다.

VANK는 한국의 국익을 위한 국제 선전 활동을 전개하고 있는데, 최대의 테마는 독도 문제입니다. 멤버 구성을 보면 중학생부터 대학생까지의 학생이 중심입니다. 일반 회원은 누구나 될 수 있지만, 상급 회원이 되기 위해서는 몇 번의 시험을 거쳐야 합니다.

1차 시험에서는 한국 지리와 역사 문제가 나옵니다. 2차 시험에서는 영어 능력을 측정합니다. 영어로 메시지를 작성해서 대외적으로 발신할 수 있는지를 측정하는 것입니다.

이렇게 해서 '독도는 한국 영토다'라는 것을 논리적으로 영어로 설명할 수 있는 사람이 상급 회원이 되는 겁니다. 국내에서 아무리 떠들어대도 효과는 제한적일 수밖에 없습니다. 그렇기 때문에 세계를 상대로 대외적으로 알리는 데 힘쓰자는 것입니다. 이와 같이 한국의 넷우익은 국제적으로 활동하고 있습니다.

나카가와 일본의 넷우익은 유튜브 등에서 한국인이 얼마나 말도 안 되는 행동을 하는지를 영어로 만들어서 어필하려고 하지만, 유감스럽게도 영어 능력이 형편없는 관계로 전혀 전달되지 않고 있는 상황입니다. 정관사나 전치사를 사용하는 것을 보면 엉망진창에 실수두성이입니다. 영어 공부 좀 하라고 말하고 싶습니다.

야마모토 넷우익 회원이야말로 해외에 나가 봐야 합니다.

야스다 재특회를 취재한 경험상, 내가 아는 한 여권을 갖고 있는 사람은 얼마 되지 않습니다. 바깥 사정에 대해서는 거의 무지한 상태입니다. 알고 있는 것은 그저 관념적인 외국에 지나지 않습니다.

야마모토　그들에게 필요한 것은 실은 피스보트(Peace Boat)⁴일지도 모르겠습니다.

나카가와　넷우익은 쓰지모토 기요미의 제자로 들어가라는 말입니다(웃음).

---

4 1983년 일본 역사교과서 파동 직후, 일본의 젊은이들이 아시아 각국을 직접 방문하고, 침략과 식민지 지배의 역사를 배우도록 하는 현장 역사 교육을 목적으로 설립된 시민 단체다. 일본 민주당 의원인 쓰지모토 기요미(辻元淸美)가 와세다대학 재학 시절에 설립하였다.

역자 후기

   현재 일본에서는 혐한론이 확산되고 있다. 이를 '혐한 광풍'으로 표현하는 전문가도 있을 정도다. 상대적으로 드라마와 K-POP 등이 견인하던 1, 2차 한류 열풍은 상당 부분 그 기세가 꺾여 버린 모양새다. 다만, 한류의 영향력은 여전히 무시할 수가 없는 수준으로, 예를 들면 2014년에 도쿄 돔에서 공연한 가수 중 30%는 한국인이었다. 또 일본의 젊은 세대 사이에서 '얼짱 메이크업' 등과 같은 한국 문화가 유행하는 현상에 대해, 이를 '신한류 붐'으로 해석하는 전문가도 등장했다.

   그러나 출판업계의 현황 하나만 놓고 보더라도, 일본 사회에서 혐한 현상이 급속히 확산되고 있는 점만큼은 부정할 수 없는 사실이다. 2005년에 『만화 혐한류(マンガ嫌韓流)』가 등장한 이후, 특히 최근 2~3년 동안에 혐한 관련의 서적은 봇물이 터지듯이 세상으로 밀려나왔다. 그런 가운데 『만화 혐한류』 시리즈는 판매량이 100만 부를 넘어섰고, 이를 기

넘해서 2015년에는 『만화 대혐한류』가 출판되기도 했다.

일본 사회에서 혐한 현상을 견인하는 세력은 '넷우익' 또는 '네토우요' 등으로 불리는 사람들로, 이들은 주로 인터넷이나 SNS 등을 주요 활동 무대로 삼고 있다. 넷우익은 인터넷상에서 과격한 발언을 일삼는 데 그치지 않고, 직접 현실 세계로 뛰쳐나와 '반일'과 '한국 밀어주기'를 당장 그만두라며, 반후지TV 데모 등을 전개하기도 한다. 반한국, 반매스컴, 반엘리트, '애국' 등을 외치는 그들의 주장은 논리를 가장한 모순에 지나지 않지만, 이제는 기업과 미디어가 한국 관련의 기획을 주저할 정도로 영향력을 행사하고 있다.

특히 재특회의 혐한 시위는 재일 한국인에게 큰 위협이 되고 있다. 조사에 따르면, 한국 공관 주변과 한국인 밀집 지역에서 일어난 혐한 시위는 2010년에 20여 건이던 것이, 2013년에는 320여 건으로 폭발적으로 늘어났다. 또 한류 상품의 하나인 한국산 막걸리의 대일 수출은 2011년에서 2014년까지 80% 이상 급감했다. 발족 당시 500여 명에 불과했던 재특회 회원의 수는 현재 1만 5천 명을 넘어선 상태다. 야스다 고이치의 말에 따르면, 한때 '인터넷 바보들의 모임'으로 치부되던 재특회는 이제 정치인들도 무시하지 못하는 단체로 성장한 것이다.

그동안 넷우익이 주도하는 일본 사회의 혐한 현상과 관련해서는 다양한 분석이 나왔다. 혐한 현상에 대해서는 '미디어 내셔널리즘'이나 '불안형 내셔널리즘'으로 그 성격을 규정하는 시각 등이 존재한다. 혐한주의자들에 대해서는 '이성적인 일본'과 '감정적인 한국'을 대비시키면서 일제의 식민 통치를 정당화하고 전후 배상을 거부하는 세력으로 규정하는 시각이 있다. 또한 일본 역사학계나 정치계의 보수 우익화 동향과 연결시켜 혐한 현상의 전체상을 규명해 보려는 관점도 존재한다.

이 책[1] 또한 일본 사회에서 확산되고 있는 혐한 현상의 성격을 규명하기 위한 시도 중 하나다. 혐한론을 주도하는 넷우익의 속성과 모순을 지적하고, 나아가서 그 실체를 파헤쳐 보려는 것이다. 이 책을 통해 넷우익이 갖고 있는 피해자 의식, 피해망상, 자신의 현실을 직시하지 못하는 심적 유약함 등을 확인할 수 있다. 또 확인되지 않은 자료에 의존하여 모순된 논리를 만들어내고, 이를 다시 확대 재생산하는 데 열중하는 넷우익의 속성 등도 자세히 살펴볼 수 있다.

1장에서는 재일 한국인이 일본인보다 우월한 특권을 누

---

1 원저는 2013년 다카라지마사에서 출판된 야스다 고이치·야마모토 이치로·나카가와 준이치로 3인 공저의 『ネット右翼の矛盾—愛国が招く「亡国」—(넷우익의 모순—우국이 초래하는 '망국'—)』이다.

리고 있다는 넷우익의 주장은 근거가 없다고 비판한다. 또 넷우익이 말하는 재일 한국인의 특권이란, 재일 한국인은 특권을 누리고 있다는 전제를 미리 설정한 다음, 이를 합리화하기 위해 나중에 '발견'해낸 억지 주장에 지나지 않는다고 지적한다.

2장에서는 익명성이라는 담벼락 뒤에 숨어서 아무런 근거도 없는 '정보'를 만들어내고, 이를 다시 재생산하는 일에 몰두하는 넷우익의 속성을 비판한다. 또한 일본인으로서의 자부심을 갖기보다는 부당한 피해를 당하고 있는 피해자라는 입장에서 세상을 바라보는 자세와 재일 한국인의 공격을 받는 자신들이야말로 불우한 처지에 있다고 주장하는 태도 등에서 확인되는 넷우익의 모순을 예리하게 지적한다.

3장에서는 마음에 들지 않는 부정적인 모든 것들에 대해서, 그 책임을 재일 한국인에게 전가하는 넷우익의 속성을 비판한다. 또 매스컴이 한국 밀어주기와 반일 음모에 열중하고 있다는 넷우익의 비판, 아베 신조와 아소 다로 등 보수 정치인을 감싸는 데 열중하는 넷우익의 태도가 얼마나 현실과 동떨어진 모순투성이의 논리에 지나지 않는가를 적나라하게 파헤친다.

마지막으로 4장에서는 이 책의 저자인 세 명의 넷 저널리스트가 대담을 통해서 넷우익의 속성과 모순적 태도 그리고 사회적 위치에 대해 심도 있는 논의를 진행한다.

일본 사회의 혐한 현상은 당분간 해결될 수 있는 문제로는 보이지 않는다. 오히려 아베 내각의 보수화 정책과 맞물리면서, 앞으로도 더욱 심화될 가능성이 높아 보인다. 그러나 미래 지향적인 관점에서 한·중·일 세 나라의 대립과 갈등은 결코 바람직하지 않다. 동아시아 지역의 평화 공존 체제를 구축하기 위한 노력은 계속되어야만 한다. 중국의 패권주의와 일본의 과거사 망각을 견제하기 위한 노력과 함께 한·중·일 3국이 공유할 수 있는 공통된 역사 인식과 현실 인식을 구축하기 위한 노력이 필요하다. 이와 관련하여 일본의 '혐한류'와 중국의 '항한류'를 극복할 수 있는 효과적인 방안을 찾기 위한 지혜로운 고민 또한, 우리 앞에 놓인 현실적 과제가 아닐 수 없다.

2015년 7월 9일

최석완, 임명수

일본 넷우익의 모습

– 우국이 초래하는 '망국'의 위험 –

초판 1쇄 발행일 2015년 8월 3일

지은이 야스다 고이치(安田浩一), 야마모토 이치로(山本一郎), 나카가와 준이치로(中川淳一郎)
옮긴이 최석완·임명수
펴낸이 박영희
책임편집 유태선
디자인 김미령·박희경
마케팅 임자연
인쇄·제본 태광인쇄
펴낸곳 도서출판 어문학사
    서울특별시 도봉구 쌍문동 523-21 나너울 카운티 1층
    대표전화: 02-998-0094/편집부1: 02-998-2267, 편집부2: 02-998-2269
    홈페이지: www.amhbook.com
    트위터: @with_amhbook
    페이스북: https://www.facebook.com/amhbook
    블로그: 네이버 http://blog.naver.com/amhbook
           다음 http://blog.daum.net/amhbook
    e-mail: am@amhbook.com
    등록: 2004년 4월 6일 제7-276호

ISBN 978-89-6184-381-2 03300
정가 15,000원

이 도서의 국립중앙도서관 출판예정도서목록(CIP)은 e-CIP홈페이지(http://www.nl.go.kr/ecip)와
국가자료공동목록시스템(http://www.nl.go.kr/kolisnet)에서 이용하실 수 있습니다.
(CIP제어번호: CIP2015018834)